A. RÉTOUT

AF591121

HISTOIRE

DE

DJIDJELLI

ALGER
ANCIENNE MAISON BASTIDE-JOURDAN
JULES CARBONEL
Imprimeur-Éditeur

1927

8° Lk 2407

HISTOIRE DE DJIDJELLI

A. RÉTOUT

HISTOIRE

DE

DJIDJELLI

ALGER
ANCIENNE MAISON BASTIDE-JOURDAN
JULES CARBONEL
Imprimeur-Editeur

1927

AVANT-PROPOS

L'histoire de Djidjelli a été écrite autrefois par M. Charles Féraud, interprète militaire. Ce volume faisait partie d'une série intitulée : *Histoire des Villes de la province de Constantine*. Il est devenu absolument introuvable en librairie — et même en bouquinerie, si l'on peut ainsi parler. Grâce à l'aimable obligeance de M. Angéli, imprimeur et directeur du journal l'*Impartial de Djidjelli*, j'ai pu consulter un des rares exemplaires de cet ouvrage existant encore ; il m'a été d'un grand secours.

J'ai utilisé aussi, surtout pour la période de l'insurrection de 1871, un *Essai de monographie de la commune mixte de Djidjelli*, établi par M. Benoît, administrateur-adjoint, et qui m'a été communiqué par M. l'Administrateur de cette commune. Les archives de la place et les ouvrages traitant de l'histoire générale de l'Algérie, m'ont également servi.

Enfin, j'ai pu recueillir un assez grand nombre de

renseignements inédits près des anciens habitants de Djidjelli, européens et indigènes. Craignant de commettre involontairement des oublis, je ne cite aucun nom ; que tous veuillent bien trouver ici, avec mes remerciements, l'expression de ma sincère gratitude.

INTRODUCTION

Lorsque, par une belle après-midi de printemps, le bateau, qui fait le service de la côte, après avoir longé les falaises du golfe de Bougie et contourné la presqu'île de la citadelle, vient de doubler le phare de la jetée, alors s'offre aux regards du touriste enchanté la ville de Djidjelli, mollement couchée sur le bord de la mer, au pied des collines qui lui font une couronne de verdure. A sa droite le spectateur aperçoit la pointe de la Vigie dominée par les hauteurs du Djebel el Korn, que surmonte le fort Saint-Ferdinand : puis vient le Djebel Aïouf, dont les collines se prolongent en ondulations jusqu'à sa gauche, pour venir mourir près de la mer, vers la route de Constantine. Le terrain se relève alors en un promontoire rocheux, qui s'avance légèrement dans la rade comme pour aller rejoindre le phare et défendre l'accès du port.

Cette pointe est couronnée par un bâtiment d'aspect sévère : le fort Duquesne, qui veille comme une sentinelle avancée ; puis la plage continue, dorée sous le soleil, pour se confondre au loin avec la verdure des bois qui l'enserrent.

Les hauteurs qui entourent la ville, sont dominées par des coteaux couverts de forêts et s'étageant les uns au-dessus des autres jusqu'à la chaine des Babors, dont les sommets sont, à cette époque de l'année, souvent encore couronnés de neige ; celle-ci forme comme un fond de tableau et dresse sa masse imposante sur l'horizon qu'elle limite. Ainsi dès le premier aspect, le touriste charmé, venu dans ce pays pour passer quelques jours rapides, s'y sent retenu par tout ce qui enchante le regard, par les beautés que la nature a prodiguées dans cette contrée privilégiée : la mer, la forêt, la montagne.

Après un pareil spectacle, on pourrait craindre que la visite de la ville n'amène une profonde désillusion : il n'en est rien et l'enchantement continue. De larges avenues bordées de hauts platanes entretiennent pendant l'été, une agréable fraîcheur ; elles font suite aux routes de Bougie et de Constantine ; des rues droites, dont quelques-unes sont plantées d'arbres superbes, ouvrent de belles perspectives sur la mer et sur les collines ; elles sillonnent la ville et invitent à la promenade, tandis que des squares, pleins d'ombre et de fraîcheur, engagent au repos et à la rêverie. Il est vraiment rare de rencontrer, dans un site aussi riant, une petite ville aussi coquette et gracieuse. On doit cependant convenir que les monuments y sont peu nombreux ; c'est que la cité est toute récente : l'ancienne ville, entièrement située dans la petite presqu'île de quatre hectares qu'occupent à l'heure actuelle la citadelle et les bâtiments militaires, a été détruite de fond en comble par un terrible tremblement de terre le 22 août 1856. C'est ce qui explique aussi pourquoi beaucoup de maisons n'ont qu'un rez-de-chaussée : la crainte de voir se reproduire un pareil cataclysme a engagé les habitants, encore sous le coup de ce désastre, à ne pas construire des maisons trop élevées. Maintenant que les années ont passé sans amener de nouvelles catastrophes, la confiance est revenue et l'on commence à édifier, avec de solides matériaux, des maisons à plusieurs étages.

La ville de Djidjelli est reliée à Bougie et à Philippeville par deux belles routes carossables, dont la première surtout, d'une longueur de quatre-vingt-seize kilomètres, en corniche sur le golfe de Bougie, est une des plus belles, sinon la plus belle du bassin de la Méditerranée : seules les routes de Naples à Castellamare et de Soller à Palma peuvent lui être comparées.

Après avoir, en quittant Bougie, traversé la rivière la Soummam, puis une plaine couverte de vignes luxuriantes, on arrive au cap Aokas où la route surplombe la mer d'une hauteur de cent mètres à pic, spectacle vraiment impressionnant. On longe ensuite la plaine de l'Oued Marsa pour gagner Souk el Tenine, puis l'Oued Agrioun, où on laisse à droite le chemin qui va à Sétif par le Chabet el Akhra. C'est alors que la route devient de plus en plus pittoresque : elle se poursuit en corniche le long des Grandes Falaises, tantôt dominant d'une hauteur vertigineuse, la mer dont elle n'est séparée que par un mince parapet, tantôt traversant la montagne par de nombreux tunnels percés dans le rocher. Elle franchit ensuite Ziama, où se trouvent les ruines romaines de Choba Municipium, passe à Mansouria, puis, remontant sur la falaise, elle continue vers l'Est, en passant sous de nouveaux tunnels ; c'est près de l'un d'eux qu'on rencontre la fameuse grotte, dite grotte merveilleuse de Dar el Oued. Abandonnant un instant le bord de la mer pour traverser une petite forêt de chênes-lièges, elle suit le bas des gorges de Taza, longe de nouveau la mer pour remonter à Cavallo et de là, rentrer dans la plaine pendant une douzaine de kilomètres, couper des forêts, passer encore sous un tunnel près de l'Oued Kessir et venir, à la hauteur du grand phare d'El-Afia, retrouver la mer, qu'elle ne quittera plus jusqu'à Djidjelli.

La route de Philippeville et de Constantine, quoique moins accidentée, a cependant elle aussi son attrait. Elle traverse une contrée fertile et bien cultivée ; de nombreuses vignes, une grande étendue de terrains emblavés en céréales de toutes sortes, des cultures maraîchères, des forêts de chênes-lièges en exploitation, donnent à celui qui la parcourt, une haute idée de la richesse du pays.

Tel est l'aspect sous lequel se présente, au premier coup d'œil, Djidjelli et sa région, dont nous allons tenter de retracer l'histoire (1).

---

(1) Il est bien entendu qu'en parlant de la Ville même de Djidjelli avant 1856, c'est l'ancienne Ville que nous désignons ainsi, celle qui était située dans la presqu'île occupée par la citadelle actuelle et qui a été détruite par le tremblement de terre du 22 août 1856.

PREMIÈRE PARTIE

Des temps primitifs à l'établissement des Turcs en Algérie

I

CHAPITRE PREMIER

TEMPS PRIMITIFS

Etymologie du nom de Djidjelli. — Examinons en premier lieu d'où vient le nom de Djidjelli, orthographe officielle, qui semble aujourd'hui généralement adoptée.

Nous nous trouvons, il faut bien l'avouer, en face d'un problème qui n'a pu, jusqu'à présent, recevoir de solution certaine. Les Romains l'appelaient Igilgilis ; mais la ville existait longtemps avant qu'ils n'eussent conquis l'Afrique et les différentes manières dont on a écrit son nom depuis cette époque, ne nous apprennent rien à ce sujet. Voici d'ailleurs les principales : Zizeri, Zigeri, Zigel, Gigel, Gigery, Gigelli, Djigelli et enfin Djidjelly, avant d'arriver à notre orthographe actuelle.

Toutes les étymologies données jusqu'ici sont loin d'être satisfaisantes. Certains auteurs ont proposé Galgala (aujourd'hui Gilgal), petite ville de Palestine où les Juifs s'arrêtèrent après avoir traversé le Jourdain à leur sortie d'Egypte, où l'arche d'alliance séjourna assez longtemps et dans laquelle, plus tard, Saül fut sacré roi.

Pour admettre cette hypothèse, il faudrait supposer que des émigrants israélites fussent venus, à une époque très reculée, fonder une colonie sur cette partie de la côte d'Afrique. Mais, l'Histoire nous l'apprend, c'est seulement bien longtemps après la création de Djidjelli, que Ptolémée Soter, chef et fondateur de la dynastie des Lagides, voulant pacifier la Judée, transporta trente mille Juifs en Cyrénaïque, et c'est la première fois qu'on voit apparaître ce peuple dans l'Afrique du Nord. Je ne parle pas de l'Egypte, qui semble faire partie de l'Asie plutôt que de l'Afrique et n'être séparée accidentellement de son continent que par un bras de mer.

Ce n'est pas non plus un nom phénicien ni un nom grec. Du reste les Hellènes ne se sont, dans l'antiquité, établis que dans la Pentapole, en Cyrénaïque. Ce n'est pas davantage un vocable berbère, bien que M. Féraud, dans son *Histoire des villes de la Province de Constantine*, suppose que cette appellation pourrait bien venir d'Ighil, mot kabyle qui signifie colline et qui répété en Ighil Ighil, serait devenu Igilgilis : cette étymologie ne satisfait pas l'esprit Quant à la langue arabe, il n'y faut pas songer ; les conquérants appartenant à cette nation, sont venus trop récemment en Afrique du Nord, pour qu'on puisse leur attribuer la paternité de ce nom.

D'où vient-il donc ? Faut-il voir là un témoin de l'invasion Atlante aux temps préhistoriques ? On sait en effet, que, si l'Afrique du Nord a été peuplée primitivement par les Berbères, — appelés aussi Lybiens dans l'antiquité, — Platon nous apprend dans son *Timée* que l'Europe jusqu'à la Tyrrhénie, et la Lybie jusqu'à l'Egypte, furent conquises par les Atlantes (1).

(1) Ce sont les Atlantes qui ont dénommé la grande chaîne de montagnes de l'Afrique du Nord. En effet *Atlas*, dans les anciens idiomes américains, veut dire : haute montagne.

La tradition parle également d'une race brune ou cuivrée, qui, dans un temps excessivement reculé, vivait entre l'Atlas et la Méditerranée en même temps que les Berbères et on retrouve encore, dans la région de Djidjelli, des vestiges des monuments qui jalonnaient, pour ainsi dire, les routes atlantes, soit en Europe, soit en Afrique, où elles reliaient à l'Atlantide l'Egypte, dont la civilisation et la religion dérivent, en grande partie, de la civilisation et de la religion atlante. Une étude approfondie des livres Mayas pourrait, peut-être, nous apporter la solution de cette question.

Période phénicienne. — Quoi qu'il en soit, on peut dire que Djidjelli remonte à une très haute antiquité. On attribue généralement sa fondation aux Phéniciens ; il paraît certain qu'ils y ont, en effet, établi un comptoir (emporium), comme ils l'ont fait en un certain nombre de points sur les côtes de l'Afrique, même sur le rivage de l'Atlantique. Mais ce peuple de négociants ne s'établissait que là où il avait des chances de faire du commerce, où il rencontrait une certaine agglomération d'habitants sédentaires. Il est donc probable qu'un village berbère existait déjà sur la presqu'île, endroit facile à défendre contre une attaque extérieure, condition que les Kabyles ont, de tout temps, recherchée pour choisir les emplacements de leurs villages.

Il paraît difficile de fixer d'une manière assez précise, la date à laquelle les Phéniciens se sont installés pour la première fois dans la région. On sait que la fondation de Carthage remonte environ à l'année 860 avant notre ère, et Aristote, qui avait puisé ses renseignements dans les livres carthaginois, place la fondation d'Utique 287 ans avant l'arrivée de Didon en Afrique. Or c'est d'Utique, dès les premiers temps de son existence, que les Phéniciens se répandirent sur la côte Nord de l'Afrique pour y fonder ces Emporia ou comptoirs fortifiés qui, tout en consolidant leur puissance, leur permettaient de faire du commerce avec les gens du pays. L'établissement des Phéniciens à Djidjelli peut donc être fixé approximativement vers le dixième ou onzième siècle avant notre ère. Rares sont les villes qui peuvent s'enorgueillir d'une aussi lointaine origine.

Il reste peu de souvenirs de la domination phénicienne dans le pays. Les seules traces de leur occupation qu'on y rencontre, sont ces excavations creusées dans la colline du cimetière et de la Pointe Noire, que longtemps on a pris pour des sépultures. On en trouvait aussi autrefois dans le quartier de la Pépinière. Ce sont, je crois, les seuls monuments qui attestent le séjour des Phéniciens dans le pays. Tous les autres édifices qui pouvaient exister, ont été, comme dans toutes les autres villes phéniciennes de l'Afrique, détruites par les Romains au moment de leur conquête.

L'occupation des Phéniciens semble s'être bornée à la ville de Djidjelli et à ses environs immédiats ; le pays, dans son ensemble, était resté berbère : son histoire se confond avec celle de ces peuples sur lesquels on n'a que très peu de renseignements avant la conquête romaine.

CHAPITRE II

DOMINATION ROMAINE

Le fleuve Ampsagas (1), que les Arabes ont ensuite appelé Oued el Kebir, nom que nous avons conservé, a, presque constamment dans l'antiquité, servi de limite entre divers Etats. Le territoire environnant les possessions phéniciennes de Djidjelli, était donc pays de frontière et, de ce fait, a subi de nombreuses vicissitudes.

Au moment des guerres entre Rome et Carthage, cette région faisait partie de la Numidie occidentale. Syphax y régnait alors et sa puissance s'étendait de la Malva (Moulouya actuelle) à l'Ampsagas. Ce pays était occupé par les Massésyliens. La Numidie orientale, de l'Ampsagas à la Tusca (Oued Zouara, près Tabarka), formait le royaume de Massinissa, qui commandait les Massyles.

Pendant la seconde guerre punique, une rivalité s'éleva entre Syphax et Massinissa, qui, tous les deux primitivement au service de Carthage, s'étaient ensuite alliés aux Romains. Les Carthaginois, afin d'opposer l'un à l'autre, les deux rois Numides, donnèrent pour

(1) Nom dérivé d'un mot punique qui veut dire : grand fleuve, même signification que : oued el Kébir.

épouse à Syphax la fille d'Asdrubal, Sophonisbe, bien qu'elle fût déjà fiancée à Massinissa. Syphax abandonna le parti de Rome et, profitant de l'absence de Massinissa, s'empara de ses états. Mais après la bataille de Zama (202 av. J.-C.) qui mit fin à la seconde guerre punique, Syphax, fait prisonnier, fut dépouillé de son royaume que les Romains donnèrent à Massinissa pour le récompenser de sa fidélité : Voilà donc Djidjelli changeant de maître. Le nouveau royaume de Massinissa s'étendait alors de la Moulouya à Tabarka, c'est-à-dire sur tout le Nord de l'Algérie actuelle.

Mais les Romains ne tardèrent pas à regretter leur générosité. Après la chute de Carthage, connaissant mieux l'Afrique du Nord et le caractère de ses habitants, ils profitèrent des troubles suscités par Jugurtha pour intervenir dans les affaires des royaumes numides, et, sous prétexte de venir défendre les alliés restés fidèles à leur cause, ils s'emparèrent de la Numidie toute entière, tactique qui leur était habituelle. La Numidie orientale seule conserva son nom ; la Numidie occidentale fut réunie à l'ancienne province de Mauritanie, qui prit le nom de Mauritanie Césarienne.

Après la bataille d'Actium qui mit fin à la République (31 ans av. J.-C.), Auguste érigea la Mauritanie en un royaume : il le donna à Juba II en toute souveraineté ; il y joignit même une partie de la Gétulie, contrée située entre l'Atlas et le Sahara. La région de Djidjelli était donc soumise à Juba II. Ce prince établit sa capitale à Césarée (Cherchell), qu'il fit reconstruire.

Lorsque Ptolémée fils et successeur de Juba fut assassiné par ordre de Caligula, en l'an 42 de notre ère, la Mauritanie devint province romaine. Elle fut divisée en deux parties : la Mauritanie Tingitane, qui avait pour limites à l'Ouest l'Atlantique, à l'Est la Moulouya, avec Tingis (Tanger) pour capitale — et la Mauritanie Cesarienne qui s'étendait de la Moulouya a l'Oued El Kébir. Cherchell en resta la capitale. Plus tard, sous le règne de Dioclétien, la Mauritanie Césarienne fut elle-même subdivisée en deux parties. La région Ouest conserva son nom de Césarienne ; la partie orientale devint la Mauritanie Sitifienne avec Sitifi (Sétif) pour capitale. Djidjelli suivit le sort de ces contrées, faisant d'abord partie de la Mauritanie Césarienne, puis de la Sitifienne.

La ville de Djidjelli, appelée Igilgilis par les Romains, avait été élevée au rang de colonie ; il n'y en avait que douze dans toute la province, dont le territoire comprenait le Maroc, l'Algérie et la Tunisie. Cette dignité lui conférait certains avantages, entre autres celui de s'administrer elle-même, sous la direction d'un Sénat. Il ne faudrait pas se faire trop d'illusions sur l'importance des Sénats des Colonies : le nom seul leur était commun avec le fameux Sénat romain ; ils correspondaient assez exactement à nos Conseils municipaux actuels.

Nous n'avons pas la prétention d'écrire l'histoire de l'Afrique du Nord ; seuls les événements qui ont trait à Djidjelli et à sa région nous intéressent. Pendant la durée de l'occupation romaine, deux d'entre eux doivent particulièrement retenir notre attention : la révolte de Tacfarinas et celle de Firmus.

Le pays accidenté de la Kabylie fut toujours propice à la guerre d'embuscades : de tout temps les Kabyles y excellèrent. Leur caractère fier, avec leur amour de l'indépendance, leur fit toujours accueillir les chefs qui vinrent prêcher la guerre au nom de la liberté, même lorsque ceux-ci cachaient, sous ce masque, des ambitions personnelles. Ces chefs trouvèrent toujours appui et secours chez ces montagnards endurcis à la fatigue, dans un pays d'un accès excessivement difficile.

Sous le règne de Juba II, en l'an 17 de notre ère, un Numide nommé Tacfarinas, déserteur des armées romaines, où il avait servi comme auxiliaire, réunit sous ses ordres un certain nombre de bandes de pillards. Peu à peu il sut les discipliner et en fit une véritable armée. Il parvint alors à soulever les Berbères de la montagne, auxquels ne tardèrent pas à se joindre les Maures, commandés par Mazippa. Dans les batailles rangées, les Romains conservaient l'avantage ; mais dans la guerre d'embuscades, Tacfarinas les battait constamment, eux et leurs alliés. Il détruisait leurs villages et il finit par assiéger une cohorte romaine près du fleuve Pagida (Oued Nil ?) entre Cirta et Igilgilis. « Le poste, dit Tacite (1), avait pour com-
« mandant Decrius, intrépide soldat, capitaine expéri-
« menté, qui tint ce siège pour un affront. Après avoir
« exhorté sa troupe à présenter le combat en rase cam-
« pagne, il la range devant les retranchements. Elle
« est repoussée au premier choc : Decrius, sous une
« grêle de traits, se jette à travers les fuyards, les ar-
« rête, crie aux porte-enseigne qu'il est honteux que
« le soldat romain tourne le dos à une bande de bri-
« gands et de déserteurs. Couvert de blessures, ayant
« un œil crevé, il n'en fait pas moins face à l'ennemi
« et combat jusqu'à ce qu'il tombe mort abandonné
« des siens. »

Tant qu'il suivît ce plan, harcelant les cohortes ro-

(1) Tacite : *Annales*, Livre III, § 20, traduction Burnouf.

maines, fuyant dans la montagne dès qu'on le pressait, Tacfarinas tint ses ennemis en échec. Enfin, pendant l'année 24, le proconsul Dolabella, puissamment aidé par Ptolémée, roi de Mauritanie, parvint à le surprendre : « On fit dire dans les rangs de s'attacher à « Tacfarinas connu de tous après tant de combats, que « si le chef ne périssait, la guerre n'aurait jamais de « fin. Mais le Numide, voyant ses gardes renversés, « son fils prisonnier, les Romains débordant de toutes « parts, se précipite au milieu des traits et se dérobe « à la captivité par une mort qu'il fit payer cher. La « guerre finit avec lui (1). »

La révolte de Firmus faillit mettre en péril la domination romaine en Afrique. C'était, non point un chef barbare, mais un prince tributaire de Rome, qui avait sous ses ordres les populations agricoles établies entre les colonies romaines et le désert. En 371, sous le règne de Valentinien, il lève l'étendart de la révolte, bat en plusieurs rencontres Romanus, gouverneur de l'Afrique et s'empare de Césarée (Cherchell), qu'il livre au pillage.

Valentinien, comprenant l'imminence du danger, envoya en Afrique le meilleur général de l'Empire, Théodose, qui venait de soumettre la Grande-Bretagne. Une flotte fut rapidement concentrée sur les côtes de Provence ; Théodose partit d'Arles avec une petite armée composée de vétérans et vint débarquer à Djidjelli. Firmus, en effet, à l'annonce des préparatifs faits en Gaule par les Romains, était venu s'établir dans la Kabylie pour profiter des avantages que lui donnait cette région coupée de ravins aux pentes

(1) Tacite : *Annales*, Livre IV, § 25.

abruptes, où ses troupes légères avaient une supériorité marquée sur les cohortes romaines plus lentes à se mouvoir.

La jonction des légions cantonnées dans la colonie avec les vétérans venus de la Gaule, eut lieu près d'Igilgilis, à la station Panchariana. Théodose passa ses troupes en revue, puis se dirigea sur Sétif et de là, sur Tubusuctus (Tiklat, près d'El Kseur). Ce sont, dans l'histoire de cette révolte, les seuls points qui intéressent Djidjelli. Firmus qui, à un certain moment, avait été sur le point de substituer son autorité à celle des Romains, poursuivi par Théodose, battu par lui en diverses rencontres, finit misérablement après s'être réfugié dans la région de Djelfa. Trahi par les siens, il s'étrangla pour éviter la captivité. La révolte de Firmus semble avoir sonné le glas de la domination romaine dans l'Afrique, qui, un demi-siècle plus tard, avait changé de maîtres : les Vandales s'en étaient emparés.

De nombreuses ruines répandues dans la région qui entoure Djidjelli, attestent l'ancienne importance de cette ville. On en trouve dans tous les douars du canton, mais aucune d'elles n'a une grande valeur monumentale, sauf peut-être, celle de l'antique cité de Choba Municipium, à l'Ouest de Mansouriah. Néanmoins leur nombre assez considérable prouve que cette région était fort peuplée pendant la période romaine.

L'examen de ces ruines nous démontre aussi que la ville Igilgilis n'était pas restreinte à la seule presqu'île de la citadelle actuelle ; elle étendait sa banlieue sur l'emplacement de la ville moderne, surtout dans la partie qui borde la mer. Des ruines d'un moulin sur la plage, près du fort Duquesne, des débris de mosaïques, des fûts de colonnes trouvés un peu partout en creusant les fondations du nouveau Djidjelli, nous montrent quel grand espace de terrain occupait cette partie de la ville. Plus haut, sur le coteau de la Pépinière, s'étageaient des villas et des maisons de plaisance.

On peut s'étonner de ne trouver aucune trace de monuments affectés à l'exercice du culte catholique dans la région de Djidjelli, où le christianisme avait cependant pénétré vers la fin du deuxième siècle. La ville d'Igilgilis était devenue le siège d'un évêché et le nom de deux évêques nous est connu : Urbicosus, qui alla assister au fameux concile de Carthage, en 412, où pour la première fois, on condamna l'hérésie de Pélage et de Céleste ; puis Domitianus, qui alla, lui aussi, à Carthage au concile réuni par le fils de Genséric, Hunéric, roi des Vandales, qui voulait confondre les catholiques avec les Ariens, afin de sévir plus facilement contre eux.

Il ne faudrait cependant pas croire qu'à cette époque, les évêchés eussent une importance aussi grande que de nos jours. On n'était pas encore bien loin de l'époque florissante du paganisme et les sentiments païens sur l'indépendance de la cité antique, étaient toujours puissants. Aussi les évêchés s'étaient-ils multipliés dans l'étendue de l'empire romain et vers le milieu du troisième siècle, moins de cent ans après l'introduction du christianisme, dans l'Afrique du Nord, on y pouvait compter plus de trois cents sièges épiscopaux, ce qui autorisait le primat de Carthage, Aurélien, à dire qu'il avait un évêque à ordonner tous les dimanches. Dans la seule étendue de la paroisse actuelle de Djidjelli, il y avait deux évêchés : celui d'Igilgilis et celui de Choba Municipium.

Pour terminer ce qui concerne l'occupation romaine, notons que la ville d'Igilgilis était desservie par un certain nombre de voies qui la reliaient à Sitifi (Sétif), à Saldæ (Bougie), à Russicada (Philippeville). Nous donnons le tableau de ces routes reproduit, d'après la Table de Peutinger et l'Itinéraire d'Antonin, par Dureau de la Malle.

Une des principales artères de l'Afrique du Nord à l'époque romaine, est la route qui allait du détroit de Gibraltar à Carthage : voici, d'après l'Itinéraire d'Antonin, la partie comprise entre Bougie et Philippeville.

Saldæ (Bougie) :	milles (1) environ.
Muslubio ou Muslubio Horreis	27
Coba Municipium (près Mansouria).....	28
Igilgilis Colonia (Djidjelli)............	38
Paccianis Matidiæ (ruines près de l'embouchure de l'Oued Kebir)...........	35
Chulli (Collo)	60 (2)
Russicade (Philippeville)	50

D'après la Table de Peutinger. cette partie de la route serait la suivante :

Saldæ (Bougie) :	milles
Muslubio Horreta ou Horrea..........	26
Choba Municipium	28
Igilgili	38
Paccianis Matize (ruines près de l'embouchure de l'Oued Kebir)............	24
Chullu (Collo)	60
Russicada Colonia	50

(1) Le mille romain valait 1481 m. 48 centimètres d'après Dureau de la Malle.

(2) Estimation absolument erronée.

La distance entre l'embouchure de l'Oued el Kebir et Collo, qui est évidemment fausse, semble avoir été copiée sur l'Itinéraire d'Antonin.

Une autre route allait de Bougie à Djidjelli en passant par Sétif. Voici les points intermédiaires, d'après l'Itinéraire d'Antonin :

Saldæ :	milles environ.
Ad Olivam	30
Sitifi colonia (Sétif)	24
Satafi ou Satafi municipium	16
Ad Basilicam	16
Ad Ficum	15
Igilgili colonia	33

Dans les manuscrits, les deux stations Ad Basilicam et Ad Ficum sont souvent interverties.

CHAPITRE III

INVASION VANDALE. — ETABLISSEMENT DE LA DOMINATION MUSULMANE. NORMANDS. — PISANS. — GÉNOIS.

Invasion Vandale. — A partir de la fin de la domination romaine jusqu'à l'établissement des Turcs en Algérie au début du XVIe siècle, événement où Djidjelli joua un rôle capital, les chroniques sont à peu près muettes sur l'histoire de notre ville. C'est à peine si quelques points lumineux viennent percer cette obscurité : on les trouve surtout pendant la période de la domination arabe. Nous allons essayer de retracer à grands traits ce long espace de temps.

Lorsque les Vandales furent appelés dans l'Afrique du Nord par le comte Boniface, un traité avait été conclu entre lui et les Barbares par lequel les envahisseurs devaient avoir pour domaine les trois Mauritanies, c'est-à-dire toute l'Afrique du Nord depuis l'Atlantique jusqu'à l'Ampsagas (Oued el Kebir) ; le reste des possessions romaines devenait l'anapage de Boniface. Djidjelli devait donc appartenir aux Vandales. Croire que ces barbares se contenteraient de la partie la moins prospère et la moins peuplée de l'Afrique, tandis qu'à leurs côtés s'étendait une contrée riche et bien cultivée, où les villes étaient nombreuses et construites avec luxe, c'était mal connaître leur caractère et leurs instincts. Aussi les Vandales commencèrent par dévaster la part qui leur était dévolue, puis s'installèrent à la place de Boniface, le chassant lui et ses partisans ; ils s'établirent de Bougie à la Tripolitaine · Djidjelli se trouvait encore ainsi sous leur domination.

La région qui nous occupe, suivit très probablement le sort des pays voisins, mais l'histoire ne rapporte rien a ce sujet. Le seul événement connu qui intéresse Djidjelli pendant cette période, est le concile de Carthage : il nous révèle le nom d'un évêque de Djidjelli, Domitianus, qui y assista en 484, ainsi que nous l'avons déjà signalé au chapitre précédent.

La domination si désastreuse des Vandales ne dura qu'un siècle ; cela suffit pour ruiner la contrée si prospère sous les Romains. Les envahisseurs furent chassés par les armées bysantines commandées par Bélisaire. Le dernier roi Vandale, Gélimer, se réfugia, après la ruine de sa puissance, sur le mont Pappua, que certains historiens ont voulu identifier avec le mont Edoug, près de Bône. Féraud soutient, avec toutes les apparences de raison, que le mont Pappua se trouvait dans la région de Djidjelli. Nous ne voulons pas reproduire ici toute sa dissertation ; notons simplement qu'il s'appuie principalement, pour défendre sa thèse, sur le récit de Procope qui, on le sait, était le secrétaire de Bélisaire. Cet historien place le mont Pappua à l'extrémité de la Numidie, près de l'Ampsagas (Oued el Kebir) et fait habiter cette région par les Maures, dont ce fleuve limitait le territoire. Ce qu'il dit des mœurs et coutumes des indigènes qui peuplaient la montagne où se réfugia Gélimer, s'applique très bien aux Kabyles montagnards des environs de Djidjelli, tels qu'ils étaient encore au moment de notre arrivée en Algérie, tandis que les habitants du mont Edoug avaient de fréquentes relations avec ceux d'Hippo Regius, la ville de Bône actuelle, et leurs mœurs s'étaient certainement adoucies au contact presque journalier de la civilisation romaine. Enfin l'accès de cette montagne ne présente pas les difficultés d'ascension signalées par Procope, à propos du mont Pappua. Tout fait donc supposer que ce mont était bien situé dans les environs de Djidjelli. Gélimer, après avoir résisté pendant de longs mois à toutes les privations, finit par faire sa soumission à Bélisaire.

La période bysantine n'a pas laissé de traces à Djidjelli : dans les ruines qui avoisinent cette ville on ne trouve aucune construction qui se rapporte à cette époque.

Etablissement de la domination musulmane. — Pendant un temps assez long l'invasion musulmane épargna la région de Djidjelli. Alors que les autres conquérants étaient venus par mer dans l'Afrique du Nord et avaient commencé à s'établir sur la côte, les cavaliers du Hedjaz et de l'Arabie pénétrèrent en Algérie par les plaines du Sud ; les montagnes qui entourent Djidjelli protégèrent longtemps cette région contre les nouveaux envahisseurs. Aussi lorsque les Berbères de l'Aurès, sous la conduite de Koceïla d'abord et de la Kahéna ensuite, se révoltèrent contre les musulmans, ils furent aidés par les gouverneurs grecs, qui possédaient encore la plus grande partie du littoral.

Peu à peu, cependant, les musulmans s'infiltrèrent dans la contrée. Ne pouvant pas espérer réduire par la force les montagnards Kabyles, ils s'en firent des alliés qui les aidèrent puissamment dans la conquête de l'Espagne. Les indigènes de la région auraient volontiers accepté la religion musulmane, qui leur semblait agréable par certains côtés ; mais les pratiques extérieures leur faisaient perdre un temps trop long. Les Kabyles, cultivateurs, furent toujours beaucoup plus travailleurs et moins contemplatifs que les Arabes, peuple pasteur : ils se refusaient donc à faire les cinq prières rituelles qui interrompaient trop souvent leurs travaux agricoles. Ils n'adoptèrent définitivement cette religion qu'au commencement du VIIIe siècle, sous le gouvernement de Moussa ben Noceir, qui les traita plutôt en alliés qu'en peuple soumis et parvint à s'en faire de précieux auxiliaires.

La paix ne devait pas régner longtemps parmi les populations berbères au caractère versatile et turbulent. En 772, une armée musulmane révoltée, vint s'installer à Djidjelli. La Kabylie était alors peuplée par la tribu berbère des Ketama, venue du Sud, depuis de longs siècles, même avant la domination romaine. Pendant un siècle, jusqu'en 882, sous le règne des gouverneurs Aghlabites établis à Kairouan, de nombreux soulèvements se produisirent et s'ils furent réprimés avec la plus grande rigueur, la soumission des Ketama ne fut qu'apparente : les Kabyles n'attendaient qu'une occasion pour secouer un joug détesté.

Cette occasion se présenta lorsque Obeïd Allah, fils de l'iman de la secte des Chiites, vint en Afrique pour fonder une dynastie. Il envoya chez les Ketama un de ses agents, Abou Abdallah, qui dans un pèlerinage à la Mecque avait fait la connaissance de leurs chefs. Cet émissaire avait, pendant ce pèlerinage, agi fort habilement : il avait contracté amitié avec les chefs ketamiens et en les interrogeant avec discrétion, il était arrivé à cette conviction que les Berbères n'obéissaient au Sultan qu'à contre-cœur. Ils étaient donc dans d'excellentes conditions pour la révolte ; aussi, dès qu'il fut arrivé dans la région de Djidjelli, Abou Abdallah ne tarda pas à faire de nombreux prosélytes en faveur d'Obeïd Allah.

Ces menées furent connues de l'émir Aghlabite, qui ordonna à ses lieutenants de M'Sila et de Sétif, de châtier les dissidents. Abou Abdallah se retira alors dans le douar Djemila et, avec ses partisans, occupa la ville de Tazrout, près d'Aïn Melouk. De là, il infligea des pertes sérieuses aux troupes du Sultan. Le résultat ne se fit pas attendre : toutes les tribus de la Grande Kabylie, y compris l'importante fraction des Zouaoua, embrassèrent la doctrine fatimique, professée par les Chiites et se joignirent à Abou Abdallah.

L'émir Aghlabite Ziadet Allah III, inquiet des progrès de la révolte suscitée par le lieutenant d'Obeïd Allah, envoya contre lui son meilleur général, Ibrahim, qui, parti de Tunis à la tête d'une véritable armée, arriva près de Tazrout, où il infligea une sanglante défaite à Abou Abdallah. Mais la puissance de ce dernier était déjà trop solidement établie pour ne pas résister à cet échec. Il se retira à Ikdjan et de là continua à harceler l'armée d'Ibrahim dans de fréquentes escarmouches, en évitant soigneusement toute bataille sérieuse. Les troupes du Sultan, éloignées de leurs foyers et rebutées par les difficultés naturelles du pays, ne tardèrent pas à se sentir découragées. Après un certain nombre d'échecs partiels, le général Aghlabite dut abandonner la région et rentrer en Tunisie, appelée alors Ifrikia.

Abou Abdallah, à la tête des Ketama, s'empara d'abord de Sétif ; puis, libre de ses mouvements, il se dirigea vers le Sud, prit Tebessa et soumit l'Aurès. Continuant ses succès, il pénétra en Tunisie, et là, dans une nouvelle bataille, il remporta une victoire éclatante sur Ibrahim, son ancien vainqueur. Le lieutenant d'Obeïd Allah vint ensuite mettre le siège devant Kairouan, capitale des Aghlabites abandonnée par l'émir Ziadet Allah III, qui s'était réfugié à Tunis Kairouan ne tarda pas à tomber aux mains des Chiites : la dynastie des Aghlabites s'était effondrée. Abou Abdallah remit alors le royaume qu'il venait de conquérir, entre les mains d'Obeïd Allah, qui, pour le récompenser, le fit mettre à mort.

Ainsi, c'est grâce à l'appui des habitants de Djidjelli et ses environs que fut fondée la dynastie fatimite. Nous verrons plus tard qu'ils eurent, une seconde fois, un rôle prépondérant dans l'histoire générale de l'Afrique du Nord.

Les souverains fatimites se retirèrent bientôt dans l'Est de la Tunisie et établirent leur capitale à El Mehdia, port situé entre Sfax et Sousse : les Zirites gouvernaient le pays en leur nom. Deux événements importants, deux révoltes contre l'autorité des Zirites sont les seuls faits marquants pour notre région pendant la période qui s'étend de l'établissement des Fatimites à l'avènement de la dynastie Hammadite, dont le fondateur, En Naceur, établit sa capitale à Bougie en 1067 ; peu de temps après, Djidjelli tombait en son pouvoir.

El Mansour, fils d'En Naceur succéda à son père en 1089 ; ce fut un grand prince, mais son histoire n'intéresse pas la région de Djidjelli. Un de ses fils, Badis, aussi cruel qu'incapable, lui succéda en 1104. Se sentant haï et redoutant l'influence bienfaisante de son frère, El Aziz, qu'il n'osait pas faire mettre à mort, il le relégua à Djidjelli. Le règne de Badis fut court : il mourut au bout d'un an en 1105 : El Aziz le remplaça et gouverna assez paisiblement pendant seize ans, jusqu'en 1121 ; peu de temps avant sa mort, il s'était emparé de Tunis.

Son fils Yahia fut le dernier roi Hammadite de Bougie. Il avait d'abord suivi son père dans son exil à Djidjelli ; grand chasseur, il prit cette ville en affection et se fit construire sur le Djebel Aïouf, un splendide château de plaisance dominant la rade et la ville de Djidjelli. Quelques années plus tard ce château fut détruit par les Normands de Sicile et ses ruines qui occupaient un espace considérable sur le plateau du fort Galbois actuel, étaient encore visibles il y a cinquante ans.

Normands. — C'est en effet sous le règne de Yahia Ibn el Aziz, que les Normands conduits par Roger II, premier roi de Sicile, s'emparèrent de Djidjelli. Ce Roger était le neveu du fameux Robert Guiscard, qui, poussé par le goût des aventures inné chez ceux de sa race, partit un beau jour de Normandie, à la tête de quelques compagnons pour aller se tailler un royaume en Italie, champ clos au Moyen-Age, de tous les aventuriers, en quête de coups à donner ou à recevoir et de butin à récolter. Il descendit jusqu'en Calabre et pendant qu'il y guerroyait, il envoya son frère Roger s'emparer de la Sicile, alors sous la domination arabe, et la gouverner avec le titre de comte. A la mort du comte Roger, son fils, Roger II lui succéda ; le pape Anaclet, pour l'attacher à sa fortune, lui conféra le titre de roi de Sicile, dignité qui lui fut confirmée par Innocent II, quand il se fut réconcilié avec lui.

Chassés de Sicile par la conquête Normande, les Arabes y venaient faire de fréquentes incursions, dévastant le pays, pillant les demeures, emmenant comme esclaves les habitants et massacrant sans pitié ceux qui ne pouvaient être vendus. Roger II résolut de tirer vengeance de ces pirates. Il commença par s'allier avec un prince révolté de Gabès et voulut s'emparer d'El Mehdia, résidence du dernier roi zirite, El Hacen. Deux tentatives échouèrent en 1122 et 1123. Rappelé en Sicile par les affaires d'Italie, Roger dut remettre à plus tard sa vengeance qui devait être éclatante.

En 1135, Yahia, roi Hammadite de Bougie, s'en vint lui aussi en Ifrikia, pour compléter la conquête commencée par son père et s'emparer des états du zirite El Hacen. Celui-ci appela à son secours son ancien ennemi Roger II. Le roi de Sicile, profitant de l'aubaine, commença par s'emparer de l'île de Djerba ; puis il envoya sa flotte, sous la conduite de Georges d'Antioche, ravager les côtes de Tripoli et de Bougie.

En 1143, une première expédition normande sur les côtes de Tripoli, ne fut pas heureuse, mais à la fin de la même année et l'année suivante, une seconde expédition eut un meilleur succès. La flotte de Roger, après avoir ravagé l'Est de l'Ifrikia, vint devant Djidjelli et s'empara de la ville qui fut complètement détruite. Les Normands pillèrent aussi le château que Yahia Ibn el Aziz s'était fait construire et y mirent le feu.

L'occupation des Normands semble avoir été assez intermittente et limitée à la côte. Après avoir incendié la ville et le château, ils retournèrent en Sicile, puis, au printemps suivant, vinrent de nouveau à Djidjelli. Voici ce que raconte Edrisi, célèbre géographe arabe fixé à la cour de Roger — cité par Dureau de la Malle : « La flotte du roi Roger s'étant emparée « de Djidjelli, les habitants se retirèrent à un mille « de distance dans les montagnes ; ils y construisi- « rent un fort ; durant l'hiver ils venaient habiter le « port, mais à l'époque de l'arrivée de la flotte, ils « se réfugiaient presque tous dans les montagnes, ne « laissant dans la ville qu'un petit nombre d'indi- « vidus et quelques marchandises. » (1)

Les Normands, qui s'étaient installés à Tripoli puis aux îles Kerkenna, s'emparèrent enfin d'El Mehdia en 1146. Profitant d'une année de disette effroyable, où l'on en vint à se nourrir de chair humaine, ils voulurent aussi étendre leur domination sur les environs de la ville de Djidjelli dans laquelle ils étaient restés cantonnés. Ils y réussirent en effet, mais leurs succès furent éphémères ; dès que de meilleures récoltes eurent ramené l'abondance dans le pays, ils durent abandonner leurs nouvelles conquêtes. Bien plus, Abd-el Moumen, prince Almohade, qui détruisit la puissance Hammadite et fit prisonnier Yahia Ibn el Aziz, parvint à leur reprendre Djidjelli. Cet événement se passa entre les années 1152, date de la prise de Bougie par les Almohades, et 1160, date à laquelle Abd-el Moumen s'empara d'El Mehdia, après une victoire navale où la flotte musulmane, commandée par Ibn Meïmoun, força la flotte sicilienne à se retirer. Cette dé-

(1) Dureau de la Malle, *Province de Constantine. Recueil de Renseignements pour l'expédition ou l'établissement des Français dans cette partie de l'Afrique du Nord* (Première partie, page 13).

faite des Normands marqua la fin de leur domination dans l'Afrique du Nord au XIIe siècle. Djidjelli retombait donc sous la domination musulmane.

Pisans. — Vers cette époque, trois grandes républiques maritimes étaient particulièrement florissantes dans l'Italie septentrionale : Venise, Gênes, Pise. Cette dernière surtout se couvrit de gloire au onzième siècle par ses expéditions contre les infidèles musulmans et commença ainsi sa prospérité. Les Hammadites de Bougie leur avaient accordé certains privilèges et par ce moyen, attiraient un assez fort courant commercial dans la capitale de leurs possessions, qui avait ainsi acquis une assez grande importance. Après la chute de leur puissance, Abd el Moumen favorisa de préférence, les Génois, rivaux des Pisans. Ses successeurs continuèrent à soutenir les Génois, mais octroyèrent aussi quelques avantages aux Pisans, qui en profitèrent pour installer des comptoirs commerciaux à Djidjelli.

Peu à peu ils s'organisèrent si bien qu'ils parvinrent à établir leur domination exclusive sur cette ville, d'où, pendant un demi-siècle, ils tirèrent, ainsi que de la région environnante, les cuirs écrus employés dans leurs célèbres tanneries, qui formaient peut-être la plus grande partie de leur industrie. La ville de Djidjelli était alors, d'après les géographes musulmans une place d'une assez grande importance sous le rapport maritime et commercial.

Les bénéfices qu'on en pouvait retirer n'échappèrent point aux Génois, ces concurrents redoutables que Pise rencontrait partout dans ses entreprises. Chassés de Candie et de leurs possessions grecques par la république de Venise, les Génois profitèrent des difficultés suscitées en Italie, pendant la première moitié du XIIIe siècle, par la rivalité de Florence et de Pise, pour s'emparer des possessions que cette dernière avait sur les côtes du Nord de l'Afrique. Djidjelli tomba donc en leur pouvoir, comme Bougie l'avait déjà fait précédemment.

Génois. — Cette occupation devait durer jusqu'au commencement du seizième siècle ; mais il ne semble pas que les Génois, aient établi une domination effective sur Djidjelli. Le fait rapporté par Troncin, qu'un navire de Pise fut, en 1283, capturé par les Génois dans le port de Djidjelli, n'implique pas nécessairement la souveraineté de ces derniers sur cette ville. On n'en saurait non plus, trouver une preuve dans la trêve conclue par le roi d'Aragon, en 1309, avec ceux de Bougie et rapportée en ces termes par Féraud dans son histoire de Djidjelli : « Les gens d'Aragon auront à « Bougie et dans les autres villes du royaume, les fon- « des qu'ils y avaient anciennement et les privilèges « dont jouissent les Génois, à l'exception de la fran- « chise que ceux-ci ont à Djidjelli, ville de la côte »

De l'examen de cette trêve on peut conclure que les gens d'Aragon avaient, dans le royaume de Bougie les mêmes privilèges que les Génois, sauf à Djidjelli, dont la franchise était réservée à ceux-ci mais sur laquelle les rois de Bougie semblent bien avoir conservé leur souveraineté. Il paraît très probable que les Génois, comme nous le fîmes nous-mêmes plus tard à la Calle et au Bastion de France, avaient fondé des établissements commerciaux à Djidjelli et qu'ils avaient seuls le droit de le faire. Pour sauvegarder leurs intérêts et assurer la sécurité de leurs agents, ils avaient même construit une tour fortifiée, qui existait encore lors de l'arrivée des troupes françaises à Djidjelli. Cette tour était placée près de la porte située à l'extrémité de l'isthme reliant la presqu'île à la terre ferme.

S'il en était autrement, on ne s'expliquerait pas pourquoi les Génois envoyèrent en 1513, une expédition à Djidjelli, où leur flotte, sous prétexte de châtier les corsaires, vint sous les ordres d'André Doria, s'emparer de la ville, en détruire une grande partie et en faire pour eux-mêmes un port d'attache. Cette dernière occupation devait être précaire et l'année suivante ils étaient remplacés dans leur nouvelle conquête par les frères Barberousse.

DEUXIÈME PARTIE

La domination turque

CHAPITRE PREMIER

LES FRÈRES BARBEROUSSE

Nous avons vu que les luttes entre Chrétiens et Musulmans avaient fini par s'atténuer peu à peu dans le bassin occidental de la Méditerranée et que des relations de commerce assez amicales s'étaient à la longue établies entre eux. Un événement considérable allait au début du XVIe siècle changer complètement cet état de choses et rompre les bons rapports qui avaient eu tant de peine à se former. L'Espagne venait de secouer le joug musulman qui pesait sur elle depuis sept siècles, les Maures, chassés de la péninsule ibérique par les persécutions religieuses, vinrent apporter en Afrique la haine indéfectible du chrétien et dès lors la piraterie, qui avait beaucoup diminué d'importance, reprit un nouvel essor et devint plus intolérable qu'elle ne l'avait jamais été.

Deux corsaires surtout portaient la terreur chez les habitants des côtes de l'Italie : Aroudj et son frère Kheir Eddin. Le premier était appelé par les Turcs Baba Aroudj, ce que les Européens ont déformé en Barberousse, nom sous lequel les deux frères se sont immortalisés.

Leur origine est assez incertaine. Quelques historiens les prétendent fils d'un spahi rouméliote, nommé Jacob de Yenisehwardar ; d'autres les font naitre dans l'île de Metelin (autrefois Lesbos) d'un patron de barque, Yacoub Raïs, qui leur apprit la navigation. Ils étaient quatre frères : Elias, Ishak, Aroudj et Kheir Eddin ; les deux premiers moururent très jeunes de mort violente : la renommée n'a retenu que l'histoire des deux derniers.

Les débuts d'Aroudj dans la carrière de pirate furent assez malheureux : après quelques exploits il fut capturé par un navire de Rhodes, dans un engagement où son frère Elias fut tué (1), et pendant quelque temps, il resta en esclavage. Il parvint enfin à s'échapper en jurant de se venger des chrétiens : il tint son serment. Ayant capturé un vaisseau français chargé de draps, il l'envoya à Constantinople ; comme récompense, le sultan lui donna deux galères. A la tête de quelques compagnons pleins d'ardeur pour le pillage, il entreprit la course contre les chrétiens qui venaient faire des échanges sur les côtes de l'Afrique du Nord. Pour mettre ses prises en sûreté, il s'adressa d'abord au roi de Tunis, qui lui permit, sous certaines conditions, de s'établir dans l'île de Djerba, d'où venait d'être expulsé don Garcia de Tolède.

— Bougie avait été autrefois une des villes les plus importantes de la Méditerranée. A l'époque où les frères Barberousse commençaient leur fortune, cette place appartenait aux Espagnols qui, sous la conduite de Pierre de Navarre, s'en étaient emparés le 6 janvier 1510 et en avaient fait le centre de leur occupation en Afrique.

Abd el Aziz, dernier roi de Bougie, de la dynastie

(1) D'autres auteurs donnent l'année 1517 comme date de la mort d'Elias, cela est inexact ; c'est Ishak qui, en 1517, fut tué près de Tlemcen.

Hafside, qui après avoir été chassé de son royaume par les Espagnols, s'était réfugié à Constantine, y fut tué par son frère Abou Bekr. Celui-ci noua des intelligences avec les anciens habitants de Bougie et des environs ; d'accord avec eux, il demanda à Baba Aroudj, dont la réputation ne faisait que grandir, de l'aider à chasser les Espagnols de l'ancienne capitale du royaume dont, par le meurtre de son frère, il était devenu l'héritier. Le corsaire saisit avec empressement cette occasion de combattre ceux à qui il avait voué une haine mortelle et, en 1512, aidé par les contingents de nombreuses tribus kabyles, il vint mettre le siège devant Bougie. Mais ses forces étaient insuffisantes pour mener à bien une telle entreprise : il dut l'abandonner après avoir reçu au bras une blessure qui nécessita l'amputation de ce membre. Aroudj se retira à Tunis, pour y attendre sa guérison, pendant que son frère Kheir Eddin continuait ses exploits de pirate.

Deux ans plus tard, Aroudj, complètement guéri, croisait avec son frère dans les eaux de Bougie, qui l'attirait toujours ; il avait jeté l'ancre près des îles El Afia, à l'Ouest de Djidjelli, lorsque les habitants de cette ville vinrent le trouver et lui demandèrent d'expulser les Génois qui, l'année précédente, en 1513, s'y étaient fortement installés, ainsi que nous l'avons dit plus haut. Aroudj accepta cette mission ; il fit appel aux tribus voisines et à son ami, Ahmed ben El Kadi, roi de Koukou, dans le Djurdjura, qui vint à la tête de ses montagnards, toujours disposés à se battre, apporter un secours efficace au corsaire turc.

Celui-ci embossa ses navires dans la rade de Djidjelli et commença à canonner la place. Dès qu'une brèche fut pratiquée, les Turcs après s'être approchés de la plage, opérèrent leur débarquement sous la protection de leur artillerie et firent leur jonction avec les Kabyles. Alors les musulmans, Kheir Eddin et Ahmed ben El Kadi en tête, attaquèrent vigoureusement les Génois qui ne leur opposèrent qu'une faible résistance. Six cents esclaves, un immense butin, distribué à tous sans distinction entre Kabyles et Turcs, furent la récompense des vainqueurs qui s'établirent à Djidjelli. Les habitants, heureux d'être débarrassés de la domination étrangère, offrirent la souveraineté de leur cité et du territoire qui en dépendait, à Aroudj qui accepta et prit le titre de Sultan de Djidjelli. Tel fut en 1514 le début de la domination turque en Algérie et c'est de notre ville que s'étendit le mouvement qui livra ce pays aux maîtres de Constantinople.

Aroudj et son frère établirent leur résidence à Djidjelli et en firent le centre de leurs opérations, se débarrassant ainsi de tout vasselage envers le bey de Tunis. On répara les remparts et la tour génoise dont la garde fut confiée aux habitants, et la piraterie prit encore une plus grande extension. Pour être plus sûr de la fidélité de la population djidjellienne on lui attribua une part sur chaque prise ; alors commença pour la ville une ère de prospérité et de richesse qu'elle ne devait plus connaître par la suite avant l'occupation française.

Cependant Aroudj conservait toujours en lui-même la rancune contractée contre les Espagnols ; il avait à tirer vengeance du sanglant échec éprouvé par lui devant Bougie : la perte de son bras le lui rappelait cruellement. Dès que son autorité fut bien établie à Djidjelli, il songea à reprendre l'expédition qui, une première fois, avait eu une issue si malheureuse. L'année suivante, en 1515, il s'aboucha avec son fidèle Ben el Kadi, auquel il fit part de ses projets ; le chef kabyle partit aussitôt soulever les tribus des montagnes voisines. Pendant ce temps Aroudj et Kheir Eddin firent voile vers Bougie avec trois vaisseaux et vinrent mouiller dans la Soummam près de laquelle était campé Ahmed ben El Kadi, avec vingt mille Kabyles.

Le siège commença aussitôt ; les Espagnols firent une résistance acharnée ; le manque de poudre vint entraver les opérations des assaillants et Aroudj dut, pour la seconde fois renoncer à s'emparer de Bougie, dont la garnison avait été puissamment aidée par l'intervention d'Abd el Aziz, Sultan de la Kalaâ des Beni Abbès. Ce dernier avait succédé à son père dans la royauté fondée par son grand-père Abd er Rahman, en rivalité avec celle de Koukou.

Quand les corsaires voulurent rejoindre leurs vaisseaux pour s'embarquer et retourner à Djidjelli, les eaux de la Soummam avaient considérablement baissé ; on ne put remettre à flot les bâtiments ensablés. Aroudj désespéré, voulait en finir avec la vie. Ben el Kadi releva son courage, obtint de lui qu'il brûlât ses navires, pour empêcher les Espagnols de s'en emparer et lui promit son concours pour de nouvelles entreprises. Aroudj réconforté par les soins de son ami, se mit à la tête de ses équipages et d'un certain nombre de tribus kabyles ; il prit la route de terre et tous arrivèrent ainsi à Djidjelli ; une réception enthousiaste les y attendait, ce qui leur fit oublier leur disgrâce, dit un historien indigène.

Un autre événement considérable allait bientôt, réparer pour Aroudj ce double échec et porter sa fortune à un point tel que, dans ses rêves les plus ambitieux, il n'eût jamais supposé pouvoir s'élever. Les Espagnols, après s'être emparés d'Alger, avaient, en 1510, construit sur l'îlot où s'élève actuellement le phare de l'Amirauté, une forteresse nommée le Peñon, d'où ils pouvaient bombarder toute la ville. Sa vue était pour les habitants d'Alger, une épine qui leur perçait le cœur, dit un chroniqueur arabe. Aussi quand ils surent que Djidjelli venait d'être enlevée aux Génois par les frères Barberousse, ils envoyèrent vers eux des députés chargés d'implorer leur secours pour venir les délivrer des Espagnols (début de l'année 1516).

Aroudj s'empressa de se rendre à leurs vœux. Bien que son frère Kheir Eddin ne fût pas encore revenu de Tunis, où il était allé acheter des vaisseaux destinés à remplacer ceux qui avaient été brûlés dans la Soummam, il s'embarqua avec les compagnons qui lui restaient et recommanda aux habitants de Djidjelli de dire à son frère, dès qu'il serait de retour dans ce port, de lui envoyer une troupe nombreuse pour combattre les Espagnols. Il fit ensuite part de ses projets à son compagnon habituel, Ben el Kadi, qui partit aussitôt pour Alger à la tête de plusieurs milliers de Kabyles, Aroudj fut reçu par les Algérois avec des transports de joie ; il organisa immédiatement la course contre les chrétiens et fit de nombreuses prises sur les Espagnols. Mais prendre le Peñon était une entreprise trop difficile pour les moyens doit il disposait ; l'attaque fut donc remise jusqu'à l'arrivée de nouveaux et suffisants renforts.

Les Algérois s'aperçurent bientôt qu'en amenant Aroudj chez eux, il s'étaient donnés un maître. Le corsaire, en effet, ne tarda pas à s'emparer du pouvoir :

il fit mettre à mort le cheikh, Salem el Toumi, gouverneur d'Alger, chassa les Arabes de tous les emplois et mit à leur place des Turcs pris parmi ses compagnons.

Pendant ce temps, Kheir Eddin était revenu à Djidjelli, ramenant avec lui de nombreuses prises. En apprenant l'étonnante fortune de son frère, il voulut aller le rejoindre à Alger. Aroudj l'en empêcha et lui donna mission d'aller en Kabylie, châtier le cheikh de la Kalaâ des Beni Abbès, Abd el Aziz, qui, nous l'avons vu, s'était fait l'allié et l'espion des Espagnols de Bougie. Kheir Eddin envoya seulement à son frère deux cent quatre-vingts Turcs, avec de nombreuses munitions, qui arrivèrent à Alger en même temps que les renforts amenés par Ben el Kadi, juste à point pour l'aider à repousser l'expédition de Francisco de Vero, en octobre 1516.

Aroudj, après sa facile conquête d'Alger, rêvait de se tailler un vaste empire dans l'Afrique du Nord et de grouper sous sa domination tous les divers petits royaumes musulmans qui s'y étaient formés à la suite de l'invasion arabe. Son histoire se sépare à ce moment de celle de Djidjelli. Il mourut en 1518 devant Tlemcen, avant d'avoir pu atteindre le but visé par son ambition. C'était un conquérant et un organisateur, le véritable chef de la famille Barberousse. Il créa de toutes pièces l'administration de l'Odjeac et des divers services du royaume d'Alger ; son œuvre dura presque sans modifications telle qu'il l'avait conçue au début, jusqu'à l'effondrement de la puissance turque en 1830. Cette organisation avait de nombreux rapports avec celle des Chevaliers de Saint Jean de Jérusalem, qu'il avait pu étudier pendant sa captivité à Rhodes.

Kheïr Eddin lui succéda. Possédant une énergie aussi grande que celle d'Aroudj, il avait plus de souplesse que son frère et cette qualité lui servit pour conserver et agrandir l'œuvre commencée par celui-ci. Peu de temps après sa prise de possession du pouvoir il donna une preuve de son savoir-faire. En butte à l'animosité des Arabes d'Alger, qui supportaient avec impatience le joug des Turcs, combattu avec acharnement par Ahmed ben el Kadi, qui avait abandonné et trahi Aroudj devant Tlemcen, il prit le parti de se retirer à Djidjelli, berceau de la puissance des Barberousse. Une affreuse famine désolait la ville en ce moment : Kheïr Eddin rétablit la course, s'empara de vaisseaux portant du blé et des provisions de toute nature et ramena ainsi l'abondance dans le pays. Aidé par un corsaire tunisien, il alla ravager les côtes d'Espagne ; il recueillit et conduisit à Djidjelli un grand nombre de Maures d'Andalousie chassés d'Espagne par les persécutions de Ferdinand le Catholique et de Charles-Quint.

Cependant son départ et son séjour prolongé loin d'Alger, qui semblait devoir toujours durer, avaient laissé ce royaume en proie aux dissensions et au désordre. Ahmed ben el Kadi avait pris le pouvoir en mains et s'était proclamé roi d'Alger ; un des anciens lieutenants d'Aroudj, Kara Hassan, s'était emparé de Cherchell et y régnait en maître indépendant. C'est à ce moment, rapporte la chronique arabe, que Kheïr Eddin vit en songe le prophète Mohamed qui lui reprocha de s'attarder à Djidjelli et lui ordonna de retourner à Alger. Kheïr Eddin obéit : peut-être avait-il d'autres motifs plus sérieux de le faire, mais il savait aussi qu'un peu de merveilleux et de mystère séduit toujours les peuples primitifs ou superstitieux et surtout les Arabes.

Une injure insupportable lui avait été infligée par

Ben el Kadi : une de ses galères, en revenant de course, avait été accueillie, en entrant dans le port d'Alger, par une canonnade des batteries de mer. Résolu à venger cet affront, Kheïr Eddin réunit une troupe nombreuse de Turcs et de Djidjelliens. A ce moment une députation des habitants d'Alger vint l'engager à retourner dans cette ville dont la population fatiguée des exactions du nouveau tyran et de ses Kabyles, l'appelait de tous ses vœux. Il céda volontiers à ces sollicitations, débarqua secrètement à Sidi-Ferruch et s'avança sur Alger. L'armée de l'usurpateur fut vaincue et, pour acheter la clémence du vainqueur, les soldats de Ben el Kadi coupèrent la tête de leur chef et l'envoyèrent, comme gage de leur repentir, à Kheir Eddin, qui, pour éviter un retour de fortune, fit hommage de sa conquête au Sultan de Constantinople, Selim 1er, dont il se proclama le vassal. Le Sultan accepta cette offre et envoya à l'ancien corsaire le caftan d'investiture avec le titre de Bey.

A partir de cette époque l'histoire de Kheïr Eddin n'a plus de relations avec celle de Djidjelli ; nous la laisserons donc de côté, après avoir noté toutefois que le nouveau bey soumit à la domination turque tout le territoire qui compose actuellement l'Algérie et la Tunisie ; qu'il fut appelé à Constantinople comme grand amiral ; qu'en cette qualité il combattit et vainquit le célèbre André Doria, dans le golfe d'Ambracie, non loin du fameux promontoire d'Actium et qu'enfin il fut envoyé, en 1543, à Marseille par Sélim au secours de François Ier (1). Il mourut à Constantinople en 1547, à l'âge de quatre-vingts ans environ.

(1) Rappelons ici, le propos que Kheir Eddin avait l'habitude de tenir : « Si tu te brouilles avec les Français, fais la paix avec eux avant le soir ».

Une prospérité très grande florissait alors à Djidjelli, dont les habitants étaient, par faveur spéciale, autorisés à pratiquer la course interdite aux autres villes : les Turcs prouvaient ainsi leur reconnaissance à ceux qui les premiers, les avaient accueillis sur la terre d'Afrique (1). Les désastres occasionnés ainsi aux puissances chrétiennes étaient si considérables qu'une répression devenait nécessaire. Une flotte composée de vaisseaux anglais, espagnols et hollandais, sous les ordres du marquis de Santa Cruz, alla, en 1611, ravager les côtes de Tunisie et, en revenant, incendia la ville de Djidjelli.

Cette démonstration n'empêcha pas un agent du roi de France, nommé Sanson Napollon, de négocier, le 19 septembre 1628, avec le divan et le Pacha d'Alger Hussein, un traité dans lequel on remarque cette clause « que les vaisseaux français ne seraient point inquiétés par les corsaires algériens ; que si les bateaux de « pêche venaient à être poussés par les vents contraires « ou la grosse mer dans les différents lieux de la côte « et notamment à Djidjelli et à Bône, il ne leur serait « fait aucun mal, que les équipages seraient respectés « et ne pourraient être vendus comme esclaves. »

---

(1) Ils avaient encore d'autres privilèges : à Alger, ils avaient le droit de porter des armes et de s'habiller avec des broderies en or, chose défendue aux autres Maures ; ils pouvaient se battre avec les Turcs et les filles publiques leur appartenaient ainsi qu'aux Turcs ; ils avaient un amin particulier et le dey seul pouvait les juger et les punir.

CHAPITRE II

EXPÉDITION DU DUC DE BEAUFORT EN 1664

Les traités n'étaient malheureusement pas observés pendant longtemps entre catholiques et musulmans ; les pirates, qui trouvaient leurs seules ressources dans les prises des vaisseaux et le commerce des esclaves, ne tardaient pas à recommencer leurs courses ; les négociants des ports français, espagnols ou italiens usaient de représailles et bientôt les nouveaux traités devenaient lettre morte, comme les précédents.

A la suite d'incursions répétées sur les côtes de Provence, une répression énergique devenait nécessaire. Pour châtier les pirates, le roi de France envoya, en 1662, des vaisseaux sous les commandements successifs du chevalier Paul, puis d'Hocquincourt et de Tourville et enfin du duc de Beaufort en 1663. Malgré les pertes causées à la marine algérienne par ces différentes croisières, la piraterie continuait ses ravages ; pour y mettre un terme définitif, Louis XIV résolut d'occuper solidement un point de la côte d'où l'on pourrait surveiller les corsaires et de s'y établir à demeure, afin d'en faire un lieu de ravitaillement pour nos vaisseaux et pouvoir, le cas échéant, ravager nous aussi, les côtes barbaresques.

On organisa donc une expédition au printemps de l'année 1664 et le commandement en fut confié au duc de Beaufort, le trop fameux roi des Halles, qu'on avait hâte d'éloigner de la cour. Le choix ne pouvait être plus mauvais ; le petit-fils d'Henri IV avait tous les défauts de son grand-père sans en avoir les qualités. Plein de vanité, son incapacité notoire le mettait hors d'état d'exercer un pareil commandement. Ne connaissant rien aux choses de la marine, sans aucune autorité pour résister aux influences néfastes et apaiser les rivalités qui devaient infailliblement surgir entre ses divers lieutenants, prêtant facilement l'oreille à tout flatteur, il devait fatalement compromettre le succès de l'entreprise : c'est ce qui arriva.

L'effectif de la petite armée qu'il commandait était assez élevé pour les débuts d'un établissement permanent. Voici, d'après Féraud, comment elle était composée :

Six compagnies de Gardes Françaises et vingt compagnies de chacun des régiments de Picardie, Navarre, Normandie et Royal formaient un effectif de 4.650 hommes ;

Il y avait de plus vingt compagnies de vaisseaux, soit 800 hommes ;

Un bataillon de Malte avec 120 chevaliers ;

Un bataillon anglais ;

Un bataillon hollandais ;

Plus quelques centaines de volontaires.

Le comte de Gadagne, lieutenant général, commandait les troupes de débarquement avec deux maréchaux de camp, M. de la Guillotière et le comte de Vivonne. De Bétancourt avait l'artillerie sous ses ordres et le commandement du génie était confié au chevalier de

Clairville dont les intrigues furent une des principales causes de l'échec lamentable auquel aboutit cette entreprise qui aurait dû réussir.

La flotte se composait de 15 vaisseaux et frégates, 19 galères dont 7 de Malte et plusieurs autres bâtiments moins forts, en tout 63 voiles, sous les ordres du commandeur Paul et de Duquesne.

Pour coordonner les efforts de ces différents chefs, pour imposer une direction unique, apaiser les intrigues, faire concourir toutes les volontés vers le même but, il eût fallu une main ferme, l'autorité incontestée et indiscutable d'un chef possédant une science et une valeur reconnues : le duc de Beaufort n'avait aucune de ces qualités ; les ambitions et les intérêts personnels entrèrent bientôt en jeu et, dès le début, compromirent gravement le succès de l'expédition.

On avait discuté longuement sur le choix du point de débarquement : Bône, Stora, Bougie, Djidjelli offraient chacune des avantages. L'avis de Duquesne et des marins les plus réputés était que la rade de Djidjelli offrait un port excellent, capable de contenir un nombre assez considérable de vaisseaux. Cette opinion prévalut et le choix se fixa sur cette dernière ville.

En revenant de croiser sur les côtes de Barbarie, le duc de Beaufort arriva à Toulon, le 23 mars 1664. Il y trouva le comte de Gadagne et M. de la Guillotière qui l'y attendaient depuis deux jours. Peu après le comte de Vivonne rallia Toulon avec deux vaisseaux ; seul le chevalier de Clairville s'attardait à Marseille, le duc de Beaufort l'appela près de lui. Le 21 juin, une partie de la flotte fit voile pour Mahon. L'expérience faite par les Espagnols avait porté ses fruits : leurs diverses expéditions, toutes faites en automne avaient échoué par suite du mauvais temps ; la même faute ne fut pas commise par les Français.

Quatre jours après, Clairville arrivait à Toulon et tout aussitôt, grâce à lui, les intrigues commençaient. Il avait précédemment obtenu le Bastion de France, près de la Calle, et une franchise de commerce ; le choix de Djidjelli, pour point de débarquement, contrariait ses projets, car il avait intérêt à voir l'expédition se diriger sur Bône, ce qui lui eût permis de gagner par le commerce des sommes considérables. De plus Bône était une importante ville forte dont la prise eût nécessité un siège assez long. Les opérations de ce siège eussent été dirigées par lui, contrôleur général des fortifications du royaume : c'était encore un moyen d'augmenter sa fortune. Clairville s'insinua dans les bonnes grâces de Beaufort, ce qui lui fut facile avec le caractère de ce chef. Il voulut en agir de même avec Gadagne ; mais chez celui-ci, il se heurta à un caractère ferme, ennemi des compromissions ; il se retourna donc vers La Guillotière près duquel il semble avoir eu plus de succès.

Le 2 juillet 1664, le duc de Beaufort partit de Toulon avec le reste de la flotte pour aller aux Baléares rejoindre la première escadre qui, ainsi que nous l'avons dit, avait quitté la France le 21 juin. Quelques jours après son arrivée à Mahon, les galères de Malte vinrent à leur tour rallier la flotte, qui, étant au complet, fit voile vers Bougie. Le 21 juillet on fut à une portée de canon de cette ville forte, que les Turcs avaient depuis peu de temps reprise aux Espagnols. On agita tout d'abord la question de savoir si on s'en emparerait ; c'était l'avis du comte de Gadagne, qui prétendait pouvoir s'en rendre maître en huit heures.

Il faisait observer avec justesse. que cette place forte était une défense naturelle pour la conquête que nous allions faire et que sa prise de possession par nous, empêcherait l'ennemi de s'appuyer sur cette forteresse pour venir nous harceler plus tard.

Toutes ces raisons furent combattues par le chevalier de Clairville et le duc de Beaufort, tout entier sous sa dépendance, donna l'ordre de cingler vers Djidjelli, où l'on arriva le 22 juillet. On jeta l'ancre dans la rade à sept heures du soir ; quelques coups de canon furent tirés de la ville, la flotte y répondit par un seul coup à boulet et le lendemain le débarquement s'effectua près d'un marabout situé à l'emplacement où se trouve actuellement le fort Duquesne. M. de Vivonne, à la tête du régiment de Picardie, mit pied à terre le premier, suivi bientôt par M. de Gadagne, qui commandait les bataillons des Gardes Françaises et de Malte.

Après une résistance acharnée des Kabyles venus au secours de la ville, celle-ci tomba entre nos mains : à trois heures de l'après-midi, le drapeau français flottait sur la mosquée (23 juillet 1664). Les troupes ne purent se loger dans la ville « dont les maisons étaient « si laides et si épouvantables. dit une relation du « temps, qu'on pouvait à peine croire qu'elles eussent « été habités par des humains. » On fit donc bivouaquer l'armée dans la petite plaine où est bâtie la ville actuelle et on éleva quelques retranchements de fortune. Le chevalier de Clairville commit la faute de ne pas établir un plan d'ensemble des fortifications pour mettre les troupes en sécurité et à l'abri de toute surprise.

Les premiers jours qui suivirent furent assez calmes ; les hommes confiants dans cette tranquillité apparente, se livrèrent à des promenades hors des retranchements. Le réveil fut cruel : un jour les Kabyles se précipitèrent brusquement en grand nombre sur les soldats qui vaquaient paisiblement à diverses occupations, les culbutèrent et laissèrent à peine, à ceux qui étaient restés dans le camp, le temps de prendre les armes. On parvint néanmoins à les repousser, mais l'alerte fut chaude et la leçon un peu rude.

Cependant on vit bientôt se renouveler les mêmes procédés dont les indigènes avaient usé au XIIe siècle, au temps de l'occupation normande : un jour ils arrivaient vendre des bœufs, des chevaux, des légumes, des provisions diverses, le lendemain ils revenaient en troupes armées pour attaquer le camp. A d'autres moments, ils venaient faire soigner par nos chirurgiens leurs malades et même leurs blessés. Il nous eût, sans doute, été facile à ce moment de les amener à une entente : quelques présents, judicieusement distribués, auraient pu nous gagner leurs chefs. Les Kabyles de la montagne n'aimaient pas beaucoup les Turcs, qui n'avaient jamais pu s'étendre hors de la ville et de ses environs immédiats. Ils hésitaient sur le parti à prendre, lorsqu'on commit la faute de se servir de matériaux enlevés d'un cimetière musulman pour construire un fort sur le Djebel el Korn, près de l'emplacement où se trouve maintenant le fort Saint Ferdinand.

Un marabout, ami des Turcs, se mit alors à prêcher la guerre sainte. Un corps de janissaires était parti d'Alger pour venir attaquer les Français et tenter de leur reprendre Djidjelli ; jusqu'à ce moment, les Kabyles, jaloux de leur indépendance et de leurs prérogatives, n'avaient pas voulu les laisser passer sur leur territoire. Après la violation des sépultures, leurs sentiments changèrent et ils décidèrent, non seulement d'accorder le passage aux Turcs, mais encore de se joindre à eux pour combattre les chrétiens.

Pendant ce temps la discorde régnait dans le camp français : le duc de Beaufort et Gadagne ne pouvaient parvenir à s'entendre ; le duc était incapable de remplir la tâche à lui confiée, mais jaloux de son autorité, il ne voulait pas écouter les conseils du comte de Gadagne. Celui-ci, il faut l'avouer, manquait un peu de souplesse. Commandant les troupes, il accomplissait les devoirs de sa charge avec fermeté et précision, mais aussi avec une rigueur peut-être parfois un peu trop excessive. Rien ne pouvait lui être reproché, mais son caractère froid et rigide l'avait empêché d'acquérir des amitiés et des dévouements capables de contre balancer l'influence néfaste de Clairville et de ses partisans : on l'estimait, on ne l'aimait pas.

Les officiers s'étaient rangés dans l'un ou l'autre des deux partis ; les soldats avaient suivi leur exemple et il semblait qu'il y eût en Afrique deux armées et non pas une seule. Le service en souffrait, tout était laissé à l'abandon et les travaux de fortifications, qu'il eût été si urgent d'édifier solidement et d'achever rapidement, traînaient en longueur. Aussi le Gouvernement royal, pour mettre fin à un état de choses si préjudiciable à nos intérêts, enjoignit au duc de Beaufort de reprendre la mer et de laisser le commandement au comte de Gadagne qui eut pour mission de fortifier solidement la ville de Djidjelli et de s'y établir définitivement.

Cependant le temps passait, on était au mois d'octobre et les Turcs, dès leur arrivée, attaquèrent vigoureusement le fort de l'Ouest. L'action dura cinq heures, la bataille fut rude et si l'avantage resta aux Français, leur victoire fut chèrement achetée. Cadillan, commandant du fort, capitaine au régiment de Normandie, fut tué d'une balle au front ; Sainte-Marthe, capitaine du régiment de Navarre, Girardier, lieutenant du régiment de Picardie, furent tués également : un lieutenant et un enseigne de Navarre furent blessés et trente soldats tués ou blessés.

Le duc de Beaufort résolut, avant de reprendre la mer comme il en avait reçu l'ordre, d'attendre la venue des renforts qui devaient arriver de France. Ces troupes, amenées par des vaisseaux sous les ordres de M. de Martel, débarquèrent à Djidjelli le 22 octobre ; elles étaient commandées par M. de Castellan. Le duc de Beaufort proposa alors d'attaquer immédiatement les Turcs : il savait, par des émissaires secrets, que ceux-ci venaient de recevoir de la grosse artillerie. M. de Gadagne, ignorant cette nouvelle, s'opposa à l'attaque, suivant les instructions reçues de France de ne point sortir de Djidjelli, avant d'en avoir fortifié et assuré la position. Certes si Beaufort lui avait fait connaître la récente arrivée au camp turc de la grosse artillerie, Gadagne n'eût pas manqué d'attaquer l'ennemi avant de lui laisser le temps d'établir ses batteries : c'était le seul parti à prendre. Mais, par jalousie ou tout autre sentiment, le duc le laissa dans l'ignorance de cet événement capital et reprit la mer, laissant à Gadagne une situation gravement compromise par son impéritie. Bien plus, au lieu d'aller croiser devant Alger, pour faire diversion, ainsi qu'il en avait reçu l'ordre, il partit vers Tunis et c'est seulement trois jours plus tard qu'il envoya informer Gadagne de l'arrivée au camp ennemi de renforts considérables et de la grosse artillerie.

Cependant les travaux de fortifications n'avançaient pas. A toutes les représentations qui lui étaient faites, Clairville répondait que les Turcs n'avaient que de mauvaises pièces d'artillerie, hors d'état d'endommager les retranchements et que, du reste, on devait ménager l'argent du roi. Les officiers, blâmant cette négligence, offrirent de faire travailler les soldats pour rien, aux fortifications que tous jugeaient indispensables au salut de l'armée. Clairville prétendit que c'était inspirer de la crainte aux soldats et, qu'au surplus, il se rendait caution près du roi.

L'événement ne devait pas tarder à lui donner un cruel démenti. Les Turcs avaient installé une batterie sur les hauteurs qu'ils occupaient ; Gadagne, qui le constata voulut, dans la nuit du 28 au 29 octobre, leur opposer une autre batterie de quatre pièces. Mais les hommes manquèrent pour traîner les canons ; à la pointe du jour, les Turcs ouvrirent le feu avec leur grosse artillerie contre la redoute avancée et en trois heures la mirent hors de défense. Néanmoins Gadagne sentant bien que, de la conservation de cette redoute dépendait à ce moment le sort de l'armée, résolut de nous y maintenir à tout prix. Dans la nuit du 29 au 30, il la fit occuper par trois bataillons, tandis que Castellan achevait de mettre en place la batterie de quatre pièces. Mais pendant la même nuit, les Turcs avaient mis en ligne deux autres gros canons, qui, en très peu de temps, réduisirent les nôtres au silence. Ils tournèrent ensuite leurs feux contre notre seconde redoute et la ruinèrent en deux heures. Après ce résultat ils commencèrent à bombarder le camp.

La consternation fut grande parmi les Français. Le comte de Gadagne voulant relever le moral de l'armée par une diversion, fit charger par la cavalerie les Turcs qui s'étaient glissés entre les rochers pour nous prendre à revers ; l'infanterie devait, pendant ce temps les attaquer en tête. La cavalerie, sous les ordres de Bruzac, marcha avec vigueur et vingt ou trente Turcs restèrent sur place ; mais l'infanterie n'ayant pas donné, les cavaliers durent se replier après avoir perdu cinq hommes. M. de Lyonne reçut deux blessures dans cet engagement.

Gadagne, déseспéré, voulut se faire tuer à la tête de ses troupes, mais tous les officiers se réunirent et décidèrent d'aller le trouver pour lui remontrer que la résistance était inutile et n'aboutirait qu'à la destruction complète de l'armée ; que, dans ces conditions, une seule solution s'imposait : la retraite. Castellan fut chargé de le pressentir à ce sujet ; Gadagne refusa de suivre cet avis ; La Guillotière ne fut pas plus heureux. Un premier conseil de guerre n'aboutit à rien. Enfin dans un deuxième conseil, on parvint à vaincre ses répugnances, et la retraite fut décidée pour le lendemain, 31 octobre.

Des difficultés surgirent encore au dernier moment : personne ne voulait prendre sur soi de donner des ordres pour l'embarquement ; les soldats, que toutes ces lenteurs mettaient au désespoir, parlaient de se faire Turcs. Ils avaient de nombreuses raisons de se plaindre ; mal vêtus, mal nourris, décimés par les épidémies, ils n'avaient pas même de bois pour cuire les viandes salées qu'on leur distribuait. Le comte de Gadagne, pour en finir, exigea que tous les officiers supérieurs signassent une déclaration par laquelle ils reconnaissaient que l'armée ne pouvait plus tenir la place de Djidjelli et que la retraite était le seul moyen de sauver ce que le feu de l'ennemi et les maladies avaient épargné.

L'armée fut divisée en deux corps : le premier, commandé par M. de la Guillotière et composé des régiments de Navarre, de Normandie et Royal devait partir du port de la ville, tandis que l'autre, régiments de Picardie et des Gardes, compagnies de vaisseaux et cavalerie, sous les ordres de Gadagne, s'embarquerait au marabout du fort Duquesne actuel.

La retraite commença à se faire en bon ordre, mais la hâte qu'on y apportait se changea bientôt en précipitation et la confusion se mit dans les rangs : cela ne tarda pas à ressembler à une fuite. Les Turcs, qui étaient entrés dans la ville, tuèrent un certain nombre de soldats. La plus grande partie put néanmoins s'embarquer, grâce à la précaution prise par le comte de Gadagne d'envoyer sur ce point un grand nombre de barques et de chaloupes ; lui-même vint dans la ville pour remonter le moral des troupes, tout en s'exposant au feu de l'ennemi.

Il retourna ensuite au marabout où la situation était également critique, par suite du peu d'embarcations disponibles pour transporter les soldats et le matériel de la plage aux vaisseaux. Le jour s'était levé et les Turcs, voyant tous ces mouvements de troupes, s'empressèrent de courir au marabout pour transformer la retraite en déroute. Celle-ci fut évitée grâce au sang-froid de Gadagne qui se multipliait partout et au dévouement du chevalier de Saint-Germain qui, déjà embarqué sur une chaloupe, sauta à terre et, avec quelques soldats, arrêta les Turcs après en avoir tué quelques-uns. Malheureusement pendant qu'il remontait dans la barque il fut frappé d'une balle dans la tête qui l'étendit roide mort. Il avait déjà, étant dans l'eau, reçu deux balles dans la cuisse.

Le comte de Gadagne revint une dernière fois avec Montgimont et parvint à dégager le reste des troupes qui purent s'embarquer à bord des vaisseaux. Ce fut le dernier épisode de cette retraite ; la flotte fit voile vers les côtes de Provence, abandonnant quinze canons en fer, trente canons en fonte et cinquante mortiers en bronze, en tout quatre-vingt-quinze pièces d'artillerie. Mais la mauvaise fortune devait la poursuivre encore. Quand elle arriva en vue de Toulon, la peste désolait la ville ; les vaisseaux durent se porter aux îles d'Hyères. Une violente tempête s'éleva alors et l'un des plus forts bâtiments de la flotte : la *Lune* coula en vue des îles : ce naufrage coûta la vie à douze cents hommes du régiment de Picardie.

Ainsi se termina si malheureusement cette désastreuse expédition dont les résultats eussent pu être si féconds. Dans un rapport qu'il adressa au roi pour justifier sa conduite, le comte de Gadagne indique les causes de l'insuccès et ses conclusions sont pleinement corroborées par les renseignements que donna M. de Castellan, envoyé à Djidjelli spécialement par Louis XIV pour lui fournir une relation de ces événements. La plus grave de ces causes fut certainement le manque d'entente entre Gadagne et Beaufort. Le gouvernement royal, fatigué du caractère brouillon de ce dernier, avait saisi le prétexte de cette expédition pour l'éloigner de France, mais il était le principal obstacle à la réussite de l'entreprise. De là découlent presque toutes les fautes commises : l'abandon de la diversion sur Bougie ; le mauvais vouloir de Clairville, dont la négligence coupable empêcha la construction des fortifications ; l'ignorance où Beaufort laissa Gadagne de l'arrivée au camp turc de la grosse artillerie et enfin son départ au moment même où il savait que le camp français allait être attaqué.

Si l'on ajoute à toutes ces raisons, la violation des cimetières musulmans et l'absence de négociations avec les chefs kabyles qu'on aurait pu acheter, on comprend pourquoi cette campagne mal combinée, mal exécutée, n'eut pas le succès qu'on était en droit d'attendre d'un effort aussi considérable. Si elle eût réussi, il est probable qu'on eût conservé à Djidjelli un établissement permanent qui joint à ceux de Bône, du Bastion de France et de la Calle, nous eût permis de faire prévaloir beaucoup plus tôt notre suprématie dans ce pays et en rendre la conquête plus facile.

A ces grandes causes de l'échec éprouvé, on peut en ajouter un certain nombre de petites qui ne furent pas sans influence sur ce résultat fatal. On peut tout d'abord, noter le découragement causé par la défectuosité du ravitaillement et la mauvaise nourriture, par les maladies qui décimaient les troupes, l'insécurité dans le camp et le spectacle des dissensions dans le haut commandement. De plus, l'équipement des officiers et des soldats, le même que pour les guerres européennes, semblait, pour ainsi dire, un défi porté au bon sens. Enfin on ignorait tout de la tactique à employer avec ces montagnards ; on marchait à découvert contre des ennemis qui arrivaient près de nos soldats en rampant et en se dissimulant individuellement derrière les obstacles naturels du terrain, déchargeaient leurs fusils et s'enfuyaient ensuite pour se mettre à l'abri des poursuites. En outre les habillements et les harnachements de nos troupes, trop lourds, trop encombrants leur enlevaient toute mobilité. Ce fut donc en pure perte, il faut le déplorer, que nos officiers et nos soldats déployèrent tant d'héroïsme, de vaillance et arrosèrent de leur sang ce coin de l'Algérie où nous devions revenir un siècle et demi plus tard.

CHAPITRE III

DE 1664 A LA CONQUÊTE DÉFINITIVE

Malgré la façon désastreuse dont se termina l'opération commandée par le duc de Beaufort, elle ne fut cependant pas complètement inutile. Un des principaux résultats fut, surtout pour la région qui nous occupe, sinon l'abandon total, du moins un notable ralentissement de la piraterie, principale source de richesse pour Djidjelli. L'expédition contre cette ville fut suivie des croisières de Beaufort en juin 1665 et en mai 1666, puis du bombardement d'Alger par Duquesne en 1682, à la suite de la violation, par les corsaires algériens, du traité de 1666. Ces répressions successives donnèrent aux pirates une sévère leçon et la course diminua d'intensité. Avec elle décrurent les ressources de Djidjelli dont la prospérité déclina. Lorsque le voyageur marseillais Peyssonel y accompagna, le 14 juin 1725, le bey de Constantine Kélian Hossein Bey dit Bou Kemia, qui faisait à ce moment rentrer les impôts, il visita la ville et en donna cette description :

« On y voit quelques lambeaux de vieilles murail-
« les et les débris des fortifications que les Français
« y avaient construites, lorsqu'il la prirent en 1664.
« Du côté de la mer, où est la porte, il y a une mau-

« vaise tour et la ville ne contient aujourd'hui qu'une « soixantaine de mauvaises maisons bâties de bri- « ques et de terre. Elle est habitée par des Maures, « la plupart marchands et matelots ; ils achètent les « cuirs et les huiles des Kabyles et les vont vendre à « la Calle, à Tabarque, à Tunis et à Alger. Ils s'ap- « pliquent aussi à la pêche du corail ; ils ont aujour « d'hui quatre bateaux pêcheurs. Quoique misérable « en apparence, ce petit lieu ne laisse pas d'être ri- « che. » Comme on est loin cependant de la prospé rité et de l'abondance qui suivirent l'installation dans cette ville des frères Barberousse ! On remarquera en outre que le voyageur ne fait aucune mention des pirates ; pourtant, à cette époque, la course ne devait pas avoir totalement disparu.

Peyssonnel nous donne aussi quelques renseignements sur la répartition à cette époque des forces turques dans le beylicat de Constantine. « Le bey, dit-il, « avait avec lui vingt-cinq pavillons ou environ six « cents Turcs. Il avait dispersé le reste de ses troupes « que le divan lui avait envoyées. Dix pavillons avec « le chef étaient du côté de Stora et de Djidjelli, vers « le pays des Kabyles et un autre de ses officiers com- « mandait dix autres pavillons du côté des Anencha. » Le pavillon se composait d'environ vingt-quatre ou vingt-cinq hommes.

Pendant tout le XVIIIe siècle on ne trouve que très peu de documents concernant l'histoire de Djidjelli ; mais l'expédition d'O'Reilly contre Alger donna lieu à une légende curieuse se rapportant à une famille de marabouts installée dans le pays depuis le XVIe siècle, époque à laquelle un taleb du Maroc, s'embarquant sur une natte, vint s'échouer à l'embouchure de l'Oued el Kebir. Les Kabyles, témoins de ce prodige, le nommèrent Moula Chekfa (le maître de la barque). Lors donc que les Espagnols, sous la conduite d'O'Reilly, voulurent s'emparer d'Alger, un des descendants de Moula Chekfa, Si Abd Allah, qui avait établi sa résidence chez les Beni Idder, eut une vision : celle des infidèles assiégeant Alger. Aussitôt, remettant à flot la natte merveilleuse, il alla dans la même nuit débarquer à Alger. Là, notre marabout prit part au combat où les Espagnols furent vaincus. Se portant au premier rang et frappant les ennemis à coups redoublés, il excitait les musulmans, leur criant : « Courage ! je suis Abd Allah, fils de Moula Chekfa, avec moi vous aurez la victoire ! » Le lendemain quand le pacha d'Alger voulut récompenser sa vaillance, c'est en vain qu'on le chercha ; il fut impossible de le retrouver ; il avait déjà regagné Djidjelli par le même chemin. D'autres prétendent qu'il frappait, avec une baguette, la mer qui s'ouvrait devant lui, lui permettant ainsi de faire le voyage à pied sec (1).

C'est également au cours du XVIIIe siècle que vint s'établir à Djidjelli un célèbre marabout de la puissante famille des Ouled Amokran, anciens rois ou sul-

---

(1) Puisque nous en sommes aux légendes, rappelons en quelques mots celle de Sidi Braham ben Hassein dont le tombeau se trouvait dans la zaouïa. Au cours d'une expédition de piraterie, un navire du port de Djidjelli fut capturé par les chrétiens ; son équipage, emmené en captivité, fut enfermé dans un bagne. Désolés, les parents des corsaires vinrent faire force prières et offrandes au marabout, en le suppliant d'user de son intervention pour délivrer les captifs. Or, un beau jour, on eut l'agréable surprise de voir ceux-ci arriver dans la ville encore couverts de chaînes. Ils les suspendirent au plafond de la mosquée du saint marabout, qui à la suite de cet événement miraculeux, devint le patron vénéré des matelots djidjelliens.

tans de la Kalaâ des Beni Abbès. On sait que cette petite royauté kabyle, fondée au XVe siècle par Sidi Abd er Rahman, disparut avec Sidi Moulaï Nacer, son dernier roi, assassiné au XVIIe siècle par ses propres sujets. Il laissait plusieurs enfants ; l'un d'eux Sidi Berka, fut sauvé par les serviteurs de son père et conduit par eux dans la Medjana, où il fonda la grande famille des Mokrani, dont nous n'avons pas à nous occuper actuellement. Un autre enfant, emporté par sa mère dans la vallée de Bougie, y grandit et fonda la zaouïa de Amadan, chez les Beni bou M'saoud. Il la quitta plus tard pour venir se fixer à Bougie, où ses vertus lui firent acquérir une grande influence sur les Kabyles. Il y mourut laissant plusieurs fils dont l'un, Sidi Abdelkader hérita de son autorité religieuse. Celui-ci eut lui-même cinq fils : le troisième, Mohamed Chérif, fut le père de Si El Hadj el Mekki.

Dans son *Histoire de Djidjelli*, Féraud prétend que c'est ce dernier qui devint la souche des Amokran de Djidjelli. Or, d'après les renseignements précis qui nous ont été personnellement fournis par un descendant de cette illustre famille, c'est Sidi Mohamed Cherif lui-même et non son fils El Hadj el Mekki, qui vint s'établir dans notre ville sur les instances pressantes et réitérées du Dey d'Alger. En voici la raison : Les Turcs avaient, vers 1740, découvert aux Beni Foughal, des bois excellents pour la marine, bien supérieurs à ceux des forêts de Bougie. Dans cette ville, c'était un marabout des Ouled Amokran, qui était chargé de l'exploitation des forêts de cette région. L'influence de ces marabouts n'était pas alors suffisamment établie dans les environs de Djidjelli pour leur permettre de surveiller de Bougie, les travaux dans les forêts des Beni Foughal. Il était donc urgent que l'un d'eux vînt se rapprocher des lieux d'exploitation et c'est pour cela que le Dey d'Alger fit demander au marabout Sidi Mohamed Cherif de venir s'installer à Djidjelli.

Sidi Mohamed Cherif, qu'on appelle à Djidjelli Sidi-Mohamed Amokran, obtint vite ici une influence égale à celle exercée à Bougie par sa famille. Lorsqu'il mourut il fut inhumé sur la colline d'El Korn, près du cimetière arabe et sa tombe est en grande vénération dans la région. C'est sur elle que les plaideurs viennent prêter le serment d'usage, pour terminer les procès qu'ils ont devant la justice (1).

Son fils, Si El Hadj Ahmed el Mekki, hérita de son influence religieuse et fut confirmé dans ses fonctions par différents diplômes émanant du dey d'Alger, Hassen ben Hussein et de Si Ahmed, Bey de la province de Constantine. Il mourut vers 1800 laissant pour héritiers deux tout jeunes enfants, Si Hamou et Si Tahar auxquels ont fut obligé de donner un tuteur. De ce fait l'autorité religieuse des marabouts de la famille des Ouled Amokrane subit pendant quelque

(1) C'est à la même époque que l'on voit apparaître dans l'histoire de Djidjelli, le nom d'une famille qui est encore représentée actuellement dans cette ville, celle des Fergani. Sidi Abd er Rahman el Fergani était kadi de Djidjelli et en outre secrétaire de l'agha commandant la garnison. Presque toujours c'était lui qui, en cette dernière qualité, marchait en tête des convois ou des détachements de janissaires allant de Constantine à Djidjelli. Avant notre conquête cette famille a toujours rempli d'importantes fonctions dans la ville et depuis que ses membres ont fait leur soumission peu après notre arrivée dans cette région, ils se sont toujours montrés dévoués aux intérêts de la France.

temps, une certaine éclipse : c'est ce qui explique comment purent se produire les événements qui ensanglantèrent la province de Constantine et surtout la région de Djidjelli au commencement du XIXe siècle.

Nous touchons en effet à un épisode remarquable de notre histoire locale. Nous allons voir les Kabyles de notre région, soulevés par un fanatique, prendre les armes en masse, aller faire le siège de Constantine, et mettre un instant en échec la puissance turque dans cette partie de l'Afrique du Nord ; mais, il est bon d'expliquer tout d'abord dans quelles conditions a pu se produire un pareil mouvement.

L'Angleterre, notre ennemie héréditaire, avait vu avec un déplaisir extrême, l'accord signé le 17 décembre 1801 par Dubois-Thainville, au nom de la République française, avec le dey d'Alger, Mustapha Pacha ; les bons rapports d'amitié qui s'étaient établis entre ce dernier et Bonaparte, premier consul, lui portaient également ombrage. Elle résolut de s'en venger en suscitant des troubles dans la Régence.

Le gouvernement anglais avait été puissamment aidé dans sa lutte en Egypte contre l'armée française par une troupe de musulmans fanatiques venus du Maroc en pèlerinage à la Mecque, sous la conduite d'un marabout de la secte des Derkaoua. Les Kabyles du Maroc, lorsqu'ils accomplissaient le pèlerinage rituel, étaient sous la haute direction d'un personnage religieux nommé Emir Boudali ou simplement le Boudali. Au commencement du XIXe siècle, le marabout qui avait combattu contre nous avec les Anglais, s'appelait le Boudali, Mohammed ben El Harche el Derkaoui.

Les Anglais, en récompense des services rendus par les pèlerins, les avaient rapatriés gratuitement sur leurs vaisseaux. Quant à Mohammed ben El Harche, comblé de présents, il débarqua à Bône ou à Tunis et de là se rendit à Constantine, alors sous la domination d'Osman Bey. Il n'y fit qu'un séjour assez court et vint s'établir aux portes de Djidjelli, où il commença très habilement sa propagande en faisant l'éloge des Anglais, qui avaient chassé les infidèles de l'Egypte, terre des croyants ; puis, peu à peu, il engagea ceux qui venaient le voir à en user de même avec les Turcs. Il se fit de si nombreux partisans parmi les Kabyles, toujours impatients d'un joug quelconque, que la garnison turque de Djidjelli ne s'y trouvant plus en sûreté, profita d'une nuit sombre pour s'embarquer et se retirer.

Dès que Mohamed ben el Harche eut connaissance de ce départ, il entra en maître dans notre ville et commença à s'y organiser. Il prit pour lieutenant un indigène des Beni Caïd, Hamza ben Hamadouche et pour maître d'artillerie un koulougli, ancien canonnier sur un corsaire algérien, Ahmed ben Dernali. Il acheta même à ce dernier un petit bâtiment qui servait au cabotage, l'équipa en vaisseau de guerre et entreprit la course. Ses exploits en ce genre se bornèrent à la capture, dans les eaux de Tabarka, de quatre bateaux corailleurs italiens sans défense, dont il réduisit les équipages en esclavage.

Ce fut à peu près vers cette époque qu'il entra en relations avec un autre marabout, originaire de Redjas près de Mila, nommé Zebouchi, qui, lui aussi, poussait par ses prédications, les Kabyles à se révolter contre les Turcs. Le bey de Constantine, trop faible, au lieu de faire mettre à mort cet agitateur, ce qui était le moyen le plus simple et le plus sûr de le réduire au silence, usa d'indulgence à son égard, se contentant de lui supprimer les exemptions d'impôts, dont il bénéficiait comme personnage religieux. C'était toucher à l'endroit sensible le marabout qui jura de se venger.

Zebouchi était mokkadem de l'ordre des Ramanya, auquel sont affiliés de nombreux Kabyles. Il pouvait donc réunir à son gré, à un moment choisi par lui, un nombre considérable de fanatiques. Ayant entendu parler des menées du Boudali ben el Harche, il pensa, avec raison, pouvoir exercer sur lui une influence assez grande, pour en faire l'instrument inconscient de sa vengeance. Il s'aboucha donc avec lui, et, après d'assez longs pourparlers, les deux marabouts unirent leurs efforts : il s'agissait de frapper un grand coup qui exalterait le fanatisme des Kabyles. On prêcha la guerre sainte ; soixante mille montagnards environ, la plupart de la région de Djidjelli, répondirent à l'appel et une expédition sur Constantine fut décidée.

Osman Bey était alors absent de sa capitale, occupé à faire rentrer les impôts chez les Righas. M. Vaysettes fait remarquer à ce propos, dans son *Histoire des Beys de Constantine* « que dans les divers sièges que cette « ville eut à soutenir, elle a dû toujours son salut « au courage seul de ses habitants et non point à l'i- « nitiative de ses chefs, qui, pour la plupart du temps, « étaient absents au moment où le danger leur fai- « sait un devoir de rester à leur poste. » Cette fois encore ce fut le cheikh Sidi Mohamed ben Lefgoun aidé par le caïd Hadj Ahmed ben el Abiod, qui organisa la défense.

La première attaque rendit les Kabyles maîtres des faubourgs qu'ils s'empressèrent de piller, selon leur habitude. Pendant qu'ils se livraient à cette opération, une panique subite s'éleva parmi eux et ils prirent la fuite dans un désordre inexprimable (1). Mohamed ben el Harche parvint à les rallier près d'Aïn Kerma, fit brûler tout le butin et ramena ses troupes à l'assaut de Constantine : il était déjà trop tard. Mohamed ben Lefgoun et Hadj Ahmed ben el Abiod avaient eu le temps de se ressaisir et de ranimer le courage des habitants qui opposèrent une vive résistance aux attaques des Kabyles. Le Boudali Mohamed reçut même une dangereuse blessure à la cuisse, qui força ses fidèles à l'emmener hors du pays. Les assaillants, arrêtés par les canons et les fusils des défenseurs de la ville, finirent par se débander et tentèrent de se retirer dans leurs montagnes. Mais Osman Bey, accourant à marches forcées, put arriver à temps pour lancer sur eux sa cavalerie qui en fit un carnage épouvantable.

L'alarme avait été vive à Constantine ; une sévère répression s'imposait. Osman Bey avisa de cette révolte et de la défaite des insurgés, le Pacha d'Alger qui lui répondit soit par une belle lettre l'invitant formellement à se débarrasser du rebelle, soit par ces simples mots : « Ta tête ou celle de Ben el Harche ! » ce qui semble plus conforme aux mœurs du temps. En tous cas aucune tergiversation n'était permise, il fallait en finir, complètement et sans délai, avec ces fanatiques, qui avaient failli s'emparer de la seconde ville de la Régence.

Osman Bey réunit donc une véritable armée de 4.000 fantassins et 3.500 cavaliers, avec quatre canons. Il vint camper, après plusieurs jours de marche,

(1) Comme une volée de moineaux, dit un chroniqueur.

à El Milia, dans la vallée de l'Oued el Kebir ; le lieu était bien choisi pour châtier rapidement avec la cavalerie, les tribus kabyles qui auraient manifesté des velléités de révolte ou d'indépendance. Il était donc important, pour ces tribus, d'éloigner l'armée turque et de l'attirer dans un terrain accidenté où les cavaliers devaient perdre tous leurs avantages, où, de plus, il serait facile aux habitants de combattre avec succès l'armée régulière. Les Kabyles vinrent donc au camp faire acte de soumission et prodiguer des marques de dévouement, allant même jusqu'à promettre de livrer Bel el Harche el Derkaoui.

Osman Bey, toujours trop débonnaire, se laissa prendre à ces protestations intéressées ; il consentit à diviser son armée et donna l'ordre à une partie d'aller, sous la conduite d'un marabout, qui devait servir de guide, s'emparer de l'agitateur. Le marabout conduisit, pendant plusieurs jours, les troupes de tribu en tribu, à travers un pays où les sentiers étroits obligeaient les cavaliers à marcher un à un, à la suite l'un de l'autre, vers un endroit convenu d'avance. Les Kabyles s'étaient jusqu'alors tenus cachés, et, pour inspirer confiance aux Turcs, s'étaient bien gardés de tenter quelque escarmouche. Dès que les cavaliers furent arrivés au lieu de l'embuscade, les montagnards se précipitèrent sur eux en poussant des cris affreux, les fusillant à bout portant et faisant rouler sur eux des quartiers de rochers. Le marabout qui avait guidé le détachement périt victime de sa trahison, atteint l'un des premiers dans la mêlée.

Les Turcs pris entre deux feux, ne pouvant ni avancer ni revenir en arrière furent décimés durant quatre jours. Enfin, par une nuit obscure, deux cavaliers purent passer entre les assaillants et vinrent informer le bey du guet-apens dans lequel était tombée la colonne envoyée par lui pour capturer le Derkaoui. Osman laissa une partie de ses troupes à la garde du camp et s'en alla au secours de ses soldats. Arrivé sur les lieux de la lutte, il put dissiper les rassemblements kabyles à coup de canon et recueillir le petit nombre de survivants.

La retraite sur le camp s'effectua alors au mileu d'une fusillade incessante. Les Kabyles harcelaient sans cesse les troupes turques afin de ne leur laisser qu'une issue et les obliger à suivre le seul passage resté libre qui était fort dangereux, celui du Khenag-Ali-hem, où existe un gouffre vaseux nommé Bou Gheddar. Le Khenag est un défilé long de plusieurs kilomètres au fond duquel coule l'Oued el Kebir, que l'on doit traverser à plusieurs reprises à des gués se déplaçant fréquemment C'est près de l'un d'eux que se trouve le Bou Gheddar, dissimulé sous une couche de verdure qui le cache aux yeux et empêche ceux qui ne le connaissent pas, de s'apercevoir du danger ; c'est là que la tactique des montagnards avait acculé l'armée turque.

Quand celle-ci fut arrivée à l'endroit fatal, les Kabyles, dissimulés derrière les broussailles et les obstacles naturels du terrain, employèrent leur méthode habituelle de combattre, fusillant à coup sûr les ennemis et les écrasant sous des quartiers de roches. lancés du haut de la montagne. Le bourbier fut bientôt couvert de cadavres ; Osman Bey voulut rétablir l'ordre, mais son cheval, rendu furieux par une blessure, s'emporta et roula dans le précipice en entraînant son cavalier. La mort de leur chef acheva la déroute des Turcs ;

les Kabyles, excités par le marabout Zebouchi, qui leur criait de n'épargner personne, les massacrèrent sans pitié. Bien peu nombreux furent ceux qui réussirent à s'échapper et, depuis ce jour, le Bou Gheddar a été appelé El Mehraz (le mortier) « parce que, « disent les Kabyles, nous avons pilé les Turcs comme « du sel dans un mortier. »

Ceux qui, à El Milia, étaient restés à la garde du camp, attaqués par les indigènes victorieux, furent obligés de tout abandonner et de se retirer sur Constantine ; ce ne fut bientôt plus une retraite, mais une affreuse débandade. Les Kabyles, réunis en bandes, dévalisaient et assommaient tous les Turcs qu'ils rencontraient et de toute l'armée, partie quelque temps auparavant de Constantine, c'est à peine si quelques hommes parvinrent à y rentrer. Cette expédition coûta la vie à plus de deux mille Turcs et à un nombre bien plus considérable de cavaliers arabes auxiliaires.

A la nouvelle de ce désastre la consternation fut grande à Constantine ; les principaux habitants envoyèrent une députation au dey d'Alger qui entra dans une violente colère. Au premier moment, il voulut se mettre à la tête d'une armée pour aller réduire les rebelles ; mais, cédant aux sollicitations de son entourage, il chargea de ce soin le Turc Abdallah, qu'il nomma bey de Constantine, avec mission de châtier Mohamed ben El Harche.

Nous ne relaterons pas les événements qui se produisirent à la suite de cette catastrophe et qui n'intéressent plus l'histoire de Djidjelli. Disons toutefois que les Kabyles, étonnés d'une victoire si complète et, on peut l'avouer si inattendue, craignant peut-être aussi de justes représailles, abandonnèrent les deux marabouts, le Derkaoui et Zebouchi, et rentrèrent dans leurs montagnes où ils reprirent leur vie habituelle. Mohamed ben el Harche, après avoir vainement tenté de s'emparer de Bougie et subi des fortunes diverses, fut tué à Rabta en 1807, le jour de l'avènement d'Ali Pacha ben Mohamed. Quand à Zebouchi, plus sage ou plus prudent, il s'était, après avoir exercé sa vengeance sur Osman Bey, retiré à Redjas son pays natal ; il y mourut en 1810.

Pendant que les Kabyles des environs de Djidjelli étaient allés faire le siège de Constantine, Hamza ben Hamadouche, le lieutenant que Mohamed ben el Harche avait laissé dans la ville pour la gouverner en son nom, s'ennuyant de rester inactif pendant que les autres combattaient, résolut d'exercer la piraterie pour son propre compte. A cet effet, il arma en course le bâtiment acheté à Dernali et resté sous sa garde dans le port, puis l'envoya à la recherche de navires européens. De petits vaisseaux appartenant aux chrétiens, il n'en rencontra point qu'il pût piller impunément ; il se contenta alors de dévaliser les petits bâtiments algériens qui faisaient le cabotage et la pêche le long des côtes vers Bougie, causant ainsi des dommages considérables aux ports de la Régence ; aussi l'appelait-on le pirate de Djidjelli.

Pareil état de choses ne pouvait durer et méritait une punition exemplaire. Le célèbre capitaine algérien Raïs Hamidou fut donc chargé de rappeler les pirates de Djidjelli à la raison. Il partit avec une petite escadrille, vint mouiller près de la ville et somma les habitants de lui livrer Mohamed ben El Harche et le coulougli Dernali, que les Turcs considéraient comme un traitre. La réponse de ceux qui gardaient les forts pour le compte du Derkaoui, fut une vive fusillade ouverte par eux sur les vaisseaux algériens. Raïs Hamidou donna l'ordre de bombarder la ville ; la canonnade se prolongea le lendemain sans faire beaucoup de mal, presque tous les boulets passant par dessus les habitations pour aller se perdre dans la mer. Le seul résultat appréciable fut l'incendie du bateau corsaire de Dernali. Raïs Hamidou fit ensuite voile pour Alger.

Cependant les Kabyles des tribus voisines de Djidjelli, continuaient malgré l'absence du Boudali, à traiter la ville en pays conquis. Fatigués par leurs exactions les habitants de la cité, dont la capitulation était rendue excusable par l'abandon et la retraite de la garnison turque, envoyèrent au Pacha d'Alger, une députation sous la conduite du jeune marabout des Ouled Amokran. Ils furent accueillis favorablement par ce souverain qui les fit reconduire à Djidjelli par Raïs Hamidou. Celui-ci eut en outre pour mission de laisser dans la ville une garnison de cinquante janissaires chargés de rétablir l'ordre.

Il n'est pas sans intérêt de voir, à ce propos, comment la force publique était organisée, sous la domination turque, dans la province de Constantine. Nous puisons ces renseignements dans l'ouvrage de M. Vaysettes cité plus haut. Cette force publique avait deux destinations : assurer l'exercice du pouvoir central, d'une part et de l'autre, veiller à la tranquillité des tribus et au maintien de l'ordre.

La force armée était composée surtout par la milice. Venaient ensuite les deira : celle du makhzen et celles au service des divers fonctionnaires, ainsi que les smalas des Cheikhs et Kaïds.

La milice se composait, avant 1830, exclusivement

de Turcs ; c'est à peine si on y admettait quelques coulouglis. Son service se divisait en service de nouba ou de garnison et en service de mahalla ou de colonnes expéditionnaires.

Chaque nouba se composait de plusieurs sefra (tables) ou escouades de quinze hommes environ. D'après le Tachrifat, il y avait dans la province de Constantine, en 1829, sept nouba qui comprenaient vingt-deux sefra formant un total de 333 hommes. La nouba de Djidjelli était de deux sefra soit vingt-neuf hommes.

Ces nouba étaient exclusivement consacrées à la garde des villes ou des postes qui leur étaient confiés et ne pouvaient en sortir sous aucun prétexte. Le commandant en chef de la nouba était désigné sous le nom d'Agha en nouba.

Il y avait de plus dans chaque nouba un corps de bombardiers (bombadjia) et un corps de canonniers (tobdjia). Alors que les nouba étaient renouvelées chaque année au commencement du printemps pour passer dans le service de mahalla et réciproquement, les corps de bombadjia et de tobdjia restaient constamment dans les villes auxquelles ils étaient attachés et ne suivaient pas les nouba. Ils devaient cependant, lorsque le bey avait besoin de leurs services, le suivre dans ses expéditions. Le déplacement de la milice, après une année de séjour dans chaque poste, avait pour but d'empêcher les Turcs de contracter des liens de parenté ou d'amitié avec les habitants des villes où ils tenaient garnison. Pour Djidjelli, ainsi que pour Bône et Stora, le renouvellement des sefra avait lieu par mer ; le navire qui amenait les nouveaux miliciens, rapatriait à Alger les hommes qui avaient fait leur année de service de nouba.

Les deux expéditions de Raïs Hamidou sont les derniers événements saillants de la fin de la domination turque dans notre région.

Après la prise d'Alger par nos troupes, Si el Hadj Ahmed, dernier bey de Constantine, s'était, de sa propre autorité, donné le titre de Pacha. Lorsque Constantine fut tombée en notre pouvoir, les janissaires abandonnèrent la ville de Djidjelli, qui ne fut plus gouvernée que par le marabout Si Tahar Amokran. Mais l'état d'anarchie de la contrée rendait difficile l'exercice du pouvoir et, malgré son autorité religieuse, le marabout ne put empêcher de se produire certains événements qui nécessitèrent notre intervention armée.

Rappelons, à titre documentaire, que peu de jours après l'entrée de nos troupes à Alger, le duc de Polignac, premier ministre, manifesta, à un certain moment, l'intention de partager le pays entre les diverses puissances méditerranéennes : la France devait garder Alger ; l'Angleterre aurait reçu Arzew ; l'Espagne, Oran ; l'Autriche, Bône ; la Sardaigne, Stora ; Naples, Bougie ; la Toscane devait prendre possession de Djidjelli (1). Ce partage resta, heureusement, à l'état de projet.

---

(1) G. Esquer. *Les Commencements d'un Empire, La Prise d'Alger*, Chap. XIV, page 410.

TROISIÈME PARTIE

La Conquête Française

CHAPITRE PREMIER

PRISE DE DJIDJELLI

Dans les premières années qui suivirent la prise d'Alger l'opinion publique et le gouvernement hésitaient sur la conduite à tenir dans notre nouvelle conquête : devions-nous nous y installer définitivement en nous emparant du pays tout entier ou simplement nous maintenir sur quelques points de la côte en les occupant fortement. En 1835, à la suite d'une déclaration faite par Thiers au Parlement, le système de l'occupation restreinte fut écarté : la conquête totale du pays fut décidée. Dès lors notre prise de possession du territoire s'étendit peu à peu, lentement mais sûrement ; nous nous avancions dans l'intérieur parallèlement à nos acquisitions sur la côte, de façon à ne pas laisser sur nos flancs, entre nous et la mer, des populations hostiles, pouvant nous créer des embarras en coupant nos communications.

En 1837, au mois d'octobre, nous venions de prendre d'assaut la ville de Constantine. Déjà nous étions installés à Philippeville, à Mila, à Sétif, à Bougie ; la région de Djidjelli était complètement encerclée, elle ne devait pas tarder à tomber en notre pouvoir : un fait se produisit qui hâta les événements.

Le 1er janvier 1839, le brick *l'Indépendant*, qui transportait d'Alger à Bône, des blés de l'intendance, battu par la tempête dans les parages de Djidjelli, vint s'échouer entre cette ville et l'embouchure de l'Oued Djendjen. Les Kabyles du voisinage pillèrent la cargaison et emmenèrent en captivité les gens de l'équipage, demandant pour les relâcher une rançon de six mille francs.

Le général Galbois, qui commandait à Constantine, fit négocier le rachat des captifs par l'entremise du marabout Moula Chekfa. Les frères Bourboune se mirent eux-mêmes, ainsi que leur famille, en otage chez les Kabyles et obtinrent une réduction de la rançon qui fut définitivement fixée à quatre mille cinq cents francs. La famille Bourbonne fut généreusement récompensée pour cette action méritoire.

Nous ne pouvions rester sous le coup d'un pareil affront, mais la saison n'était pas propice pour exercer une sérieuse vengeance. Suivant les instructions du maréchal Valée, gouverneur général de l'Algérie, une expédition, qui devait coïncider avec une marche sur Djemila, Sétif et la Medjana, fut organisée et tenue prête à se mettre en action dès que la saison serait devenue favorable. Un corps expéditionnaire, destiné à opérer contre Djidjelli, fut réuni à Philippeville; il comprenait le premier bataillon de la légion étrangère, avec un effectif de 683 hommes; 34 hommes d'artillerie avec deux pièces de 12 et deux obusiers de montagne et enfin 51 hommes du génie. Le commandement en chef fut confié au chef d'escadron de Salles par le général Galbois, qui lui-même devait se mettre à la tête d'une petite armée, ayant Mila pour base d'opération et évoluant dans la région comprise entre cette ville et la mer.

Le commandant de Salles avait pour chef d'Etat-Major, le capitaine de Mesnil ; l'infanterie était sous les ordres du chef de bataillon Horain, de la légion étrangère ; le capitaine Lebœuf, commandait l'artillerie et le lieutenant Durand de Villers, le génie. Deux bâtiments à vapeur, le *Styx* et le *Cerbère* devaient transporter le matériel et les hommes ; ils étaient sous le commandement du capitaine de frégate de Marqué.

Le 12 mai les bâtiments partirent de Philippeville et arrivèrent dans la rade de Djidjelli pendant la nuit. Le débarquement eut lieu le matin ; les chaloupes s'étant ensablées, le capitaine de Saint-Arnaud se jeta à la nage à la tête de sa compagnie et prit possession de la ville sans éprouver de résistance sérieuse : le lundi 13 mai 1839, Djidjelli tombait en notre pouvoir.

Le restant des troupes débarqua sur le rivage et s'empara immédiatement des hauteurs du Djebel Aïouf qui dominent la ville et le port. On commença à mettre, sans délai, les crêtes en état de défense : on releva les ruines du fort construit c- 664 sur le Djebel el Korn et on lui donna le nom de Fort Saint-Ferdinand ; on restaura aussi les ruines d'un ancien établissement sur la pointe qui commande le port et on le nomma Fort Duquesne. Le soir après avoir repoussé une attaque des Kabyles, nos troupes abandonnèrent les ouvrages de la crête qui n'étaient pas encore en état complet de défense et se replièrent devant la ville appuyées à leur droite par le fort Saint-Ferdinand et à leur gauche par le fort Duquesne qui ne furent pas évacués.

Les positions dont on s'était retiré la veille furent, dès le lendemain matin, occupées de nouveau par nos soldats, qui, vers dix heures, eurent à répondre à une attaque des Kabyles descendant des hauteurs situées à l'Est et au Sud-Est de la ville. L'effort des assaillants se porta surtout sur la ligne située entre le fort Duquesne et la redoute Galbois : ils furent repoussés par les voltigeurs, les grenadiers et deux détachements de marins débarqués des vapeurs. L'artillerie du *Cerbère*, embossé en avant du fort Duquesne, fut d'un secours efficace. Les Kabyles, dont le nombre fut évalué à 2.500 environ se retirèrent vers trois heures du soir.

Le lendemain, 15 mai, des tribus du voisinage vinrent demander la paix ; quelques indigènes vinrent vendre des bœufs à l'administration. D'autres cependant attaquèrent, entre la redoute Galbois et le fort Sainte-Eugénie, un petit poste avancé qui dut être évacué. Alors le capitaine Saint-Arnaud avec la Compagnie de voltigeurs et le capitaine Clerc, commandant les grenadiers qui occupaient la redoute Galbois, forcèrent les assaillants à se retirer.

Le soir de cette même journée les travaux de défense étaient terminés. Ainsi en trois jours les forts Saint-Ferdinand, Duquesne et Sainte-Eugénie et la redoute Galbois avaient été relevés ou construits, puis armés de pièces de canon. On avait réparé les brèches des vieilles fortifications de la ville, qui pouvait désormais servir de réduit ; on avait même commencé à construire une Kasbah et des baraquements pour le logement des troupes.

Les différentes attaques que nous avions subies pendant ces trois journées, nous avaient déjà coûté huit tués et quarante-deux blessés. Les espions annonçaient de nouvelles hostilités par de nombreuses forces ennemies pour le vendredi 17, jour de marché ; aussi attendait-on avec une certaine impatience, le général

Galbois qui devait venir de Mila avec une petite armée de trois mille hommes. Malheureusement une dépêche de ce général vint faire connaître que les circonstances politiques le forçaient d'abandonner ce projet et de se diriger sur Sétif par Djemila. Les émissaires d'Abd el Kader étaient en effet signalés dans la région et le terrain compris entre Mila et Djidjelli était trop peu connu pour pouvoir s'y engager sans danger. Le petit corps de débarquement ne devait donc compter que sur ses propres forces, diminuées déjà par les combats précédents.

L'attaque prévue pour le 17 mai se produisit effectivement vers dix heures du matin. Une masse de Kabyles évaluée à quatre mille hommes environ, vint donner assaut à nos lignes de défense ; la compagnie Saint-Arnaud s'appuyait sur le fort Sainte-Eugénie et le commandant Horain sur le fort Saint-Ferdinand. Quand les assaillants, gravissant les pentes du Djebel Aïouf, furent arrivés à une vingtaine de mètres de nos ouvrages de défense, un obusier chargé à mitraille arrêta leur élan ; une compagnie lancée au pas de course, acheva de les culbuter. Au fort Saint-Ferdinand et à la redoute Galbois. des pierriers de marine et des obusiers de montagne les mitraillaient sans relâche. Enfin à la gauche, entre le fort Duquesne et le fort Sainte-Eugénie, la compagnie de voltigeurs Saint-Arnaud repoussa une vigoureuse attaque de nombreux Kabyles, qui durent se retirer et leur retraite fut changée en déroute par le feu des canons du bateau à vapeur, le *Styx*.

Une partie de la population des montagnes avoisinant Bougie et Philippeville, avait heureusement été retenue dans ses foyers par des démonstrations des garnisons de ces deux villes ; ces diversions les empêchèrent de se joindre en plus grand nombre aux habitants de la région de Djidjelli : cela facilita notre défense.

Notre victoire fut attristée par la mort du commandant Horain, d'origine polonaise, qui avait su, par sa bravoure et sa bonté, gagner tous les cœurs, aussi bien des soldats que des officiers. Frappé d'une balle qui lui traversa la poitrine, il tomba et put, après l'affaire, être transporté à Bougie. Malgré tous les soins qui lui furent prodigués, il succomba à sa blessure et, peu de jours après, le vapeur le *Styx* rapportait son corps qui, suivant son désir, fut, le 1er juin, inhumé au fort Duquesne.

Les pertes assez sensibles éprouvées pendant la journée du 17, engagèrent le commandant de Salles à demander des secours au lieutenant-colonel Bedeau, commandant la place de Bougie. Celui-ci s'empressa de lui faire parvenir deux compagnies de la légion étrangère ; de son côté le Gouverneur général lui envoya d'Alger, le 22 mai, une compagnie d'infanterie, ainsi que des vivres et des munitions. On y joignit deux blokhaus démontables, dont l'un fut placé dans le fort Sainte-Eugénie, et l'autre, sur l'extrémité de la pointe rocheuse entre les forts Galbois et Saint-Ferdinand, ouvrage qui reçut le nom de fort Horain.

Les travaux de défense se poursuivaient activement, le commandant de Salles les fit renforcer de façon à être complètement à l'abri d'une surprise. Les soldats ne furent troublés dans leur besogne que le 26 mai par une légère agression. On craignait une journée aussi forte que celle du 17 ; seules, deux colonnes de deux cents Kabyles chacune attaquèrent nos troupes qui n'eurent pas de peine à les repousser ; ce fut la dernière attaque de jour pendant la période de la conquête.

Les attaques de nuit leur succédèrent ; la première eut lieu dans la nuit du dimanche au lundi 3 juin ; elle fut, sur toute la ligne du Djebel Aïouf, assez vive pour motiver une sortie d'une partie de la garnison. Elle recommença la nuit suivante, mais beaucoup plus faible et les troupes campées sous la ville, n'eurent point à intervenir. Une dernière tentative fut faite dans la nuit du 8 au 9 juin ; elle fut encore plus infructueuse que les deux premières, nous n'eûmes qu'un seul homme tué. Voyant que tous les efforts faits pour nous déloger de nos positions aboutissaient à des échecs, les Kabyles, découragés, se retirèrent définitivement le lendemain.

CHAPITRE II

DÉBUTS DE LA CONQUÊTE

Désormais notre nouvelle conquête était assurée, mais il s'agissait de l'organiser. Les rues étaient à peine tracées et les huttes qui servaient de maisons se trouvaient dans un état de malpropreté repoussante, telle, écrivait à son frère le capitaine de Saint-Arnaud, que « notre mère n'y mettrait pas ses porcs de Gascogne ». On procéda d'abord à un nettoyage sérieux : les murs des maisons en ruines furent relevés, les rues déblayées, puis on établit un débarcadère avec rampe d'accès. La défense étant assurée du côté de la terre, il fallait songer à mettre la ville à l'abri d'un coup de main venant de la mer. Sur d'anciennes fortifications romaines, furent élevés deux murs pourvus de parapets ; on installa une forte batterie, près de laquelle fut construit un baraquement destiné à servir de caserne pour une compagnie ; le tout fut protégé par un mur crénelé ; l'ancienne tour génoise devint une poudrière. Les troupes de la garnison, qui jusqu'alors étaient restées campées en dehors de la ville, y purent entrer et prirent possession des bâtiments qui leur étaient destinés.

On pensa ensuite à régler la vie publique de la population indigène. Le service de la police était fait par deux chaouchs sous les ordres du commandant de place ; celui de la gendarmerie et de la douane était assuré par des sous-officiers et des soldats. Les indigènes qui s'étaient tous enfuis le 13 mai, lors de notre prise de possession de la ville, commençaient à y rentrer, sur la promesse qui leur avait été donnée qu'ils pourraient exercer librement leur religion et que leurs propriétés seraient respectées. Le cadi, Si Ali ben Abder Rahman, ayant refusé de revenir à Djidjelli, fut remplacé par Si Tahar el Fergani ; Si Amar ben Maza fut désigné ensuite comme muphti ; enfin une infirmerie fut installée pour les indigènes qui désiraient recevoir des soins médicaux.

On chercha aussi à attirer à nous les tribus avoisinantes pour faciliter le ravitaillement des troupes en viande fraîche et en légumes. La tribu des Beni-Hassen fut la première à donner des marques non équivoques de soumission ; son caïd, Ammar ben Djemman, nous fournit de précieux renseignements sur les dispositions des autres tribus et leurs intentions belliqueuses.

Nous avons vu qu'après la dernière attaque en masse, dans la nuit du 9 juin, nous n'avions plus eu à réprimer que des attaques individuelles commises sur les hommes en faction. Mais nous avions un autre ennemi à combattre. Lorsqu'on voit la ville actuelle de Djidjelli, il est difficile de se figurer que son emplacement était, lors de notre arrivée dans ce pays, presque totalement occupé par des marécages. Aussi de nombreux cas de fièvre paludéenne s'étaient déclarés parmi les troupes de la garnison et l'on dut ralentir les travaux d'aménagement et de jardinage pour laisser reposer les hommes.

Vers la fin du mois de juillet le commandant de Salles fut appelé à Alger avec le grade de lieutenant-colonel (1), et remplacé à Djidjelli par le commandant Houveaux, qui y était déjà venu pour conduire de Bougie, après l'affaire du 17 mai, les deux compagnies de renfort de la légion étrangère. Il continua l'œuvre de son prédécesseur et fut assez heureux pour amener à nous, au mois d'octobre 1839, le cheikh des Beni-Amran, Boudjema ben Menia. Il fut remplacé au commandement de la place, le 6 février 1840, par le lieutenant-colonel Picouleau.

L'année 1840 fut généralement calme ; on continuait à s'organiser, mais les choses semblent avoir marché assez lentement car les gendarmes du détachement venu pour assurer le service de police de la place, se plaignaient fort de manquer complètement de fournitures de literie.

Vers la fin de l'année des symptômes inquiétants se manifestèrent ; les Kabyles, qui, jusqu'à ce moment, avaient assidûment fréquenté les marchés, cessèrent pour la plupart, d'y venir ; les attaques contre les factionnaires se multiplièrent, bref, une répression s'imposait afin d'obtenir plus de tranquillité et de sécurité. On commença par exécuter, sur les M'rabet Moussa, une razzia qui obtint un succès complet.

Une occasion ne tarda pas à se présenter qui permit de leur infliger une leçon beaucoup plus sévère. Le [illegible] février 1841, de nombreux groupes de Kabyles se réunirent aux environs de la ville ; on ne s'en inquiéta pas, c'était la fête de l'Aïd el Kebir. Mais, dans la nuit, vers onze heures, une vive fusillade fut dirigée sur les

---

(1) Cinq ans plus tard, en 1844, il était général et commandait la subdivision de Constantine.

bâtiments militaires ; les révoltés s'étaient embusqués sur le rocher appelé alors Dar Djezira (1) et de là tiraient sur nos troupes. On plaça le long des remparts les infirmiers et les malades qui tiraillèrent pour occuper l'attention de l'ennemi ; pendant ce temps, le colonel Picouleau avec tous les hommes valides alla occuper la gorge située au pied du rocher, coupant ainsi la retraite aux assaillants. Quand ceux-ci s'en aperçurent, il était trop tard ; les révoltés étaient pris comme dans une souricière entre nos troupes et la mer. Ils étaient environ deux cents ; tous furent tués ou jetés à l'eau ; ceux qui tentèrent de se sauver à la nage furent noyés. Depuis, ce rocher fut appelé la pointe Picouleau.

A la suite de cette affaire nous fûmes tranquilles durant six mois. Pendant ce temps, les Kabyles avaient construit, près de l'embouchure de l'Oued Kantara, une grande baraque en chaume, d'où ils surveillaient les mouvements de nos troupes. De temps à autre, le fort Duquesne leur lançait quelques obus ; un jour, le bateau le *Crocodile*, qui se trouvait dans le port, put s'approcher de la plage et les canonna de telle sorte qu'ils n'osèrent plus se réunir en cet endroit.

Au commencement de septembre 1841, un soi-disant envoyé d'Abd el Kader vint prêcher la guerre sainte. Le 17 de ce mois, les Kabyles attaquèrent le fort Duquesne ; l'affaire fut très vive et dura depuis onze heures du matin jusqu'à quatre heures du soir, les assaillants furent repoussés avec pertes. Deux jours après, ils renouvelaient leur tentative qui, elle aussi, demeura

(1) C'est le rocher près du cimetière européen actuel, où l'on a ouvert la carrière dont la pierre a servi à construire la nouvelle jetée et qu'on exploite encore aujourd'hui.

infructueuse ; ce jour-là, ils furent sévèrement canonnés par le bateau la *Chimère* qui les prit en écharpe. Deux fois encore le 20 et le 22, ils tentaient, sans plus de succès, de nouvelles attaques contre la ville. Voyant qu'ils ne pouvaient arriver à aucun résultat, les assaillants se retirèrent définitivement et un calme relatif s'établit pendant la saison d'hiver.

Au printemps de l'année 1842, la paix fut de nouveau troublée ; commencées le 9 mars, les attaques se poursuivirent par intervalles jusqu'au 18 juillet, époque où elles cessèrent pour ne reprendre que l'année suivante sous la conduite d'un intrigant se disant le Boudali Mohamed ben El Harche el Derkaoui, vainqueur d'Osman Bey. Cet imposteur était suscité contre nous par le marabout Moula Chekfa des Beni Idder : il parvint à réunir sous ses ordres environ huit mille Kabyles qu'il lança contre Djidjelli. La garnison, aidée par les canons du vapeur le *Styx*, repoussa les assaillants dont plus de deux cents furent tués, ce qui refroidit singulièrement l'ardeur des survivants. Ils abandonnèrent le faux Derkaoui dont on n'entendit plus parler.

Le 27 septembre de cette même année 1843, éclata un violent incendie qui faillit détruire la ville entière. Parmi les sauveteurs, se distinguèrent particulièrement les gendarmes à pied Versin, Langenbach et Nargaud du détachement cantonné à Djidjelli.

Les années suivantes ne furent marquées que par deux tentatives, infructueuses comme les précédentes, qui eurent lieu les 23 août et 4 octobre 1845. En 1847, un des lieutenants du fameux Bou Maza, le chérif Mouleï Mohamed, vint à son tour essayer de s'emparer de Djidjelli ; il fut repoussé par la garnison, qui sortit en masse pour chasser les Kabyles et dégager la ville.

En 1849, un navire, la *Miséricorde*, vint s'échouer près de l'embouchure de l'Oued Mencha ; il fut pillé par les habitants des villages voisins. Pendant une nuit, une petite colonne sortit de la ville et vint incendier un de ces villages dont le cheikh, gardé comme prisonnier, ne fut relâché que contre le paiement d'une forte indemnité.

C'est vers cette époque que le marabout Si Tahar Amokran (de de la célèbre famille dont nous avons déjà parlé) qui, lors de notre prise de possession en 1839, s'était réfugié chez ' - Kabyles, vint faire sa soumission ; cet acte eut une portée considérable dans la région. Jusqu'à ce moment notre occupation était en réalité restreinte à la ville elle-même et à l'espace compris entre elle et la ligne des forts extérieurs, c'est-à-dire les crêtes du Djebel Aïouf et du Djebel el Korn (1). La soumission de Si Tahar Amokran, à laquelle vint s'ajouter, peut-être aussi, l'impression produite sur l'esprit des Kabyles par la capture d'Abd el Kader et la chute de sa puissance, nous permit d'étendre notre rayon d'action et de nouer des relations amicales avec les habitants des villages voisins.

---

(1) Un inspecteur des domaines, Marcotte de Quivières, allan par mer d'Alger à Philippeville, écrivait à la date du 22 mars 1844 :
« ... Nous arrivâmes à deux heures de l'après-midi à Gigelly *(sic)*
« une mauvaise petite ville, bâtie en pointe sur un promontoire.
« Elle est resserrée dans une ligne très étroite de blockaus *(sic)*
« qu'on ne peut dépasser sous peine d'avoir le co u coupé.
« Il y avait quelque chose de singulier à penser que ces Arabes
« que nous distinguions parfaitement à quelques centaines de
« mètres, allant et venant dans la plaine, nous auraient lâché une
« balle le mieux du monde si nous avions été à portée ; et cependant, à quelques coups de fusil près, l'on vit ainsi au jour le
« jour, sans que pour cela Gigelly en soit, ni plus gai ni plus pittoresque. »
Marcotte de Quivières. *Deux ans en Afrique*, chap. 15.

Au printemps 1851, la région comprise entre Mila, Collo et Ziama était en pleine effervescence ; des marabouts prêchaient la guerre sainte ; les Kabyles s'armaient de toutes parts ; une révolte générale s'annonçant dans cette partie de l'Algérie encore mal soumise, des mesures énergiques et rapides étaient indispensables. On dut concentrer à Mila une véritable armée comprenant deux brigades d'infanterie sous les ordres des généraux de Luzy et Bosquet, deux cent cinquante chevaux et douze cents bêtes de somme portant un lourd chargement ; le tout formait un convoi de neuf mille cinq cents hommes. Le service de la prévôté était assuré par un brigadier et six gendarmes sous le commandement du lieutenant Rittier. Le général de Saint-Arnaud, gouverneur de la province de Constantine, qui, douze ans auparavant avait contribué à la conquête de Djidjelli, prit le commandement suprême de cette armée, qu'il passa en revue le 8 mai, sous les murs de la petite ville de Mila.

Le lendemain au point du jour, les troupes se mettaient en marche dans la direction de Fedj-Baïnem après avoir traversé l'Oued Eudja. L'armée devait marcher droit sur le port de Djidjelli, dit le comte de Castellane dans ses *Souvenirs*. « Dans la première par« tie de cette course, nos fusils traçaient un sillon : « dans la seconde, prenant les tribus à revers, nous « devions amener les Kabyles à soumission. » Les deux premières journées se passèrent sans incidents graves, mais le 11 mai, il fallut traverser la montagne de Menazel des Ouled Asker et subir ces combats d'embuscades si favorables à la tactique kabyle ; on se battit depuis sept heures du matin jusqu'à huit heures du soir, mais les objectifs fixés furent atteints ; nous cam-

BIBLIOTHÈQUE NATIONALE R.F. IMPRIMÉS

pâmes sur le plateau d'El-Aroussa. Le général Bosquet avait, au cours de l'action, reçu une blessure à l'épaule ; il n'en continua pas moins à charger à la tête de ses troupes.

La journée du 12 fut consacrée au repos ; mais pour empêcher les Kabyles de le troubler, le général de Saint-Arnaud envoya la cavalerie avec quatre bataillons sans sacs, brûler les villages des Ouled Asker contre lesquels nous nous étions battus la veille.

La marche en avant reprit le 13 mai; elle fut ce jour-là particulièrement dure ; le terrain parcouru jusqu'à ce moment avait semblé pénible, mais il parut facile en comparaison de celui que les troupes eurent alors à traverser. Elles devaient suivre des sentiers bordant des précipices et sillonnant des bois couronnés de hauteurs qu'il fallait occuper par échelons, afin de protéger le convoi dont les bêtes étaient forcées de marcher à la file, les sentiers étant trop étroits pour que deux y pussent passer de front C'est alors que se produisit un regrettable épisode qui eut un douloureux retentissement dans l'armée.

Deux compagnies de grenadiers du 10ᵉ de ligne furent surprises par les Kabyles au moment où elles prenaient quelques instants de repos. Ce régiment arrivait de France ; les hommes étaient pleins d'ardeur mais n'avaient aucune expérience de ces guerres d'embuscades, pleines d'embûches, où il faut être constamment sur le qui-vive. L'ennemi ne se montrait nulle part ; il semblait s'être retiré et avoir renoncé à la lutte, au moins à cet endroit ; les soldats se croyaient en sûreté, les uns étaient étendus sur le sol, les autres regardaient le combat livré à l'arrière garde. Tout à coup les Kabyles, qui s'étaient glissés en rampant sans bruit sous les buissons, se lèvent en poussant des hurlements et en faisant feu sur les hommes sans défense. Le capitaine Dufour, qui les commandait, veut rassembler ses troupes et les lancer à la baïonnette ; il tombe frappé à mort avec ses officiers, ses sous-officiers et trente-cinq grenadiers. Les autres hommes tentent de rejoindre le convoi ; ils sont culbutés et tombent des rochers au milieu des bêtes de somme. Un moment de confusion se produit : le général de Saint-Arnaud accourt avec des troupes aguerries et rétablit la situation un moment compromise.

Le lendemain 14, la journée fut encore laborieuse, mais le trajet que l'armée accomplit alors, fut moins pénible que le chemin parcouru la veille. A un certain moment les Kabyles voulurent renouveler sur deux compagnies de la légion étrangère, le coup de main qui leur avait si bien réussi le 13 avec les grenadiers du 10e de ligne. Mais cette fois ils se heurtèrent à une troupe connaissant leur manière de combattre et ne se laissant pas facilement émouvoir. Sous le commandement du capitaine Meyer, ces compagnies infligèrent à l'ennemi une si rude leçon qu'elles lui ôtèrent l'envie de recommencer.

Le 15 mai, les troupes arrivèrent en vue de la mer ; les plus grandes difficultés de cette marche en avant étaient surmontées. On n'eut à signaler, ce jour-là, qu'une fusillade pendant que deux bataillons du 20e de ligne, sous la conduite du colonel Marullaz, brûlaient les villages kabyles sur les deux rives de l'Oued el Kebir ; le lendemain, 16 mai, l'armée campait sous les murs de Djidjelli ; le premier objectif était atteint.

Avant de continuer la campagne, et de prendre les tribus à revers, le général Pelissier, gouverneur général de l'Algérie, qui venait d'arriver dans le port sur le vapeur le *Titan*, adressa ses félicitations aux officiers pour leur brillante valeur ; il ordonna un repos de trois jours bien gagné par toutes les souffrances endurées et les obstacles franchis avec la bonne humeur traditionnelle dans l'armée d'Afrique. Le lendemain de son arrivée, le général Pelissier assistait, avec toutes les troupes, à une messe célébrée dans la plaine devant Djidjelli, par l'abbé Parabère, aumônier principal du corps expéditionnaire.

Le 19 mai, les troupes quittèrent Djidjelli pour se porter dans les tribus des Beni Amran et des Beni Ahmed en pleine révolte ; à midi elles campaient sur un plateau à huit kilomètres de la ville. Les crêtes environnantes étaient occupées par les Kabyles ; la brigade du général Bosquet les en délogea ; à quatre heures l'opération était terminée. Le lendemain, les ennemis s'étant réunis en masse, le général de Saint-Arnaud les accula dans un ravin qui n'avait d'autre issue qu'un col ; le général l'avait fait occuper par la cavalerie et les chasseurs d'Orléans Les charges à la baïonnette refoulèrent les Kabyles qui tentèrent de s'enfuir par le col ; mais là, ils furent sabrés par la cavalerie et fusillés par les chasseurs ; le massacre fut terrible, quatre cent quatre-vingts cadavres furent laissés sur le terrain par les Kabyles qui n'avaient pu enlever tous leurs morts. Le résultat de cette action rapide ne se fit pas attendre ; les Beni Amran, les Beni Ahmed et les Beni Khettab vinrent faire leur soumission ; Djidjelli était débloquée.

A la suite de cette opération le pays se trouvait divisé en deux portions distinctes ; les tribus de l'Est étaient coupées de celles de l'Ouest ; on résolut de les battre séparément, une partie après l'autre. On commença par les tribus de l'Ouest, afin d'aider ainsi la colonne qui, en même temps, opérait dans la vallée de Bougie contre l'agitateur Bou Baghla. Le 26, nos troupes allèrent attaquer les grandes tribus des Beni Foughal et des Beni Ourzeddin. Malgré leur résistance acharnée, ces deux tribus belliqueuses furent vaincues et vinrent faire leur soumission en nous livrant des otages. L'armée poursuivit sa route par Ziama jusqu'à la limite du canton de Bougie, brisant toutes les résistances, quand il s'en produisait, imposant notre domination partout et recevant des otages ; elle revint ensuite se reposer de nouveau sous les murs de Djidjelli.

Elle en repartit le 18 juin, pour aller recommencer à l'Est, la manœuvre que nous avions opérée à l'Ouest avec un si brillant succès et soumettre définitivement les tribus situées entre Djidjelli et Collo.

L'armée, en arrivant le lendemain chez les Beni Idder, fut reçue par une vive fusillade et dix tribus l'attaquèrent pendant la nuit suivante. Du 19 au 26 juin, chaque journée fut marquée par un combat et chaque journée amena la soumission de nouvelles tribus. Le pays entre Collo et notre ville fut ainsi soumis et pacifié, à un tel point que le colonel Robert, commandant supérieur du cercle de Djidjelli, put à ce moment, quitter la colonne expéditionnaire et rentrer au chef-lieu de sa circonscription avec une simple escorte de vingt-cinq chasseurs, sans avoir à répondre à une seule manifestation hostile.

Les opérations se poursuivirent du 1er au 12 juillet dans la vallée de l'Oued el Kebir, puis l'armée quittait le village d'El Milia pour infliger une sévère punition aux tribus voisines de Collo et enfin le 18 juillet la dislocation avait lieu ; le général de Saint-Arnaud rentrait à Constantine et chaque bataillon regagnait ses cantonnements.

Pendant deux ans la paix ne fut pas troublée dans notre région. En 1853, le général Randon, qui avait succédé au général Pelissier comme gouverneur de l'Algérie, résolut de parcourir le massif du Babor et du Tababor, que nos troupes n'avaient jamais visité et qui servait de refuge à tous les agitateurs. La colonne expéditionnaire formée et mise en action le mercredi 13 mai, fut divisée en deux corps qui opérèrent d'abord dans la circonscription de Sétif et soumirent les tribus habitant cette région. Les deux divisions se réunirent à l'embouchure de l'Oued Agrioun et le dimanche 5 juin, eut lieu une imposante cérémonie pour la remise à nos caïds de leurs burnous d'investiture. Elle fut suivie d'une messe solennelle, célébrée face à la mer, par le père Régis, supérieur de la Trappe de Staouéli et le père Parabère, aumônier principal de la colonne. Ce fut un spectacle impressionnant, quand, au moment de l'élévation, les drapeaux s'inclinèrent et les troupes mirent genou en terre, aux accords des musiques militaires, pendant que le canon tonnait, faisant retentir les échos du pays que l'armée venait de parcourir d'une marche triomphale

Le camp fut ensuite transporté à Ziama où les troupes furent retenues pendant quatre jours par des pluies torrentielles ; le 10 juin, elles bivouaquèrent sur la rivière de Dar el Oued. Voici le résumé des étapes faites les jours suivants : le 11, au douar El Aouana ; le 12, aux Beni Ahmed ; le 13, aux Beni Khettab sur la rive droite de l'Oued Djendjen. Le général Bosquet avait tourné par le col de Selma et était arrivé sur la rive gauche à hauteur du camp. Le 16 juin, le général en chef se rendit chez les Beni Afer, pendant que le général Bosquet allait occuper le col de Fedoulès. Cette manœuvre décida de la soumission des Beni Afer, qui eut lieu sans coup férir et dont on occupa militairement le territoire.

Pour compléter sa tâche et rendre plus facile celle des futures colonnes, le général en chef, inaugurant une méthode qui eut les résultats les plus féconds, transforma ses soldats en pionniers et leur fit ouvrir une route sur le territoire des tribus qu'on venait de parcourir dans cette dernière partie de la campagne : c'est la route de Djidjelli à Constantine par le col de Fedoulès. En dix jours elle fut terminée ; commencée le 19 juin, elle put dès le 27 servir à relier les deux camps ; le 29, le général Randon faisait distribuer aux caïds les burnous d'investiture ; la cérémonie eut lieu au col de Fedoulès, d'où l'on apercevait les deux villes que la nouvelle route venait de relier : Constantine et Djidjelli. Le jeudi 30 juin, le général en chef l'empruntait pour venir s'embarquer sur le *Titan*, qui l'attendait dans notre port.

Les deux campagnes de 1851 et de 1853 eurent une influence considérable sur les populations indigènes de la région ; elles frappèrent vivement leur imagination et leur donnèrent une impression exacte de notre puissance et de notre force militaire. La construction de routes, permettant aux troupes de se déplacer rapidement et de veiller facilement à la sécurité, leur enleva toute velléité de résistance ou de nouvelle tentative de rébellion.

Le colonel Robert, suivant l'exemple du gouverneur général Randon, mit à profit le calme dans lequel se déroulèrent les années suivantes pour compléter le réseau de routes reliant entre elles les tribus. On facilitait ainsi les relations commerciales entre les différents villages du cercle et en même temps, cela permettait à la garnison de se porter rapidement d'un point à un autre avec moins d'efforts et de fatigue. Il fit aussi construire deux maisons de commandement, l'une à Chahna, l'autre chez les Beni Ider.

Aucun événement important ne vint marquer les deux années suivantes, mais l'année 1856 devait laisser à Djidjelli un souvenir ineffaçable en y apportant un désastre sans précédent.

CHAPITRE III

TREMBLEMENT DE TERRE DE 1856 ET FONDATION DE LA NOUVELLE VILLE

Pendant la seconde quinzaine du mois d'août 1856, le sol de la province de Constantine fut secoué par une série de tremblements de terre, qui en certains points du littoral principalement, produisirent de véritables catastrophes. Dans la région de Philippeville, si la ville elle-même ne fut guère éprouvée, les villages voisins eurent à subir des dégâts importants : sur la route de Valée, la terre s'entr'ouvrit, l'eau jaillit avec force ; à Smendou, toutes les maisons furent lézardées ; à El Arrouch, la population dut évacuer le village, ainsi qu'à Robertville et à Gastonville. A Saint-Charles, le clocher et une partie de l'église s'écroulèrent sans qu'on eût à déplorer la perte de vies humaines ; le pont sur lequel la route de Gastonville franchit l'Oued Safsaf, fut en partie, détruit.

A Bougie la commotion se fit sentir surtout en mer ; les eaux se retirèrent à quatre ou cinq cents mètres puis revinrent quelques minutes plus tard en raz de marée et s'élevèrent à trois mètres au-dessus de leur niveau primitif. Plusieurs barques coulèrent à pic ; les chaînes des bâtiments à l'ancre s'étant cassées, ceux-ci partirent à la dérive ; les marchandises entreposées sur le bord de la mer, furent enlevées par le retour du flot.

Les eaux de la Soummam, refoulées par la mer, débordèrent et inondèrent la plaine. Près de son embouchure, existait à cette époque un pont dont le tablier reposait sur des pontons qui furent enlevés par le raz de marée. Plusieurs familles s'étaient réfugiées sur des barques par crainte du tremblement de terre ; elles ne tardèrent pas à s'apercevoir qu'elles couraient ainsi un danger plus grand que sur terre. Le capitaine de la Santé, s'étant embarqué dans son canot, avec sa famille, ne dut son salut qu'au dévouement de quelques hommes qui se portèrent à son secours.

Mais nulle part les effets de ce tremblement de terre ne furent aussi effrayants qu'à Djidjelli : la ville fut entièrement détruite. Le jeudi, 21 août, vers dix heures du soir, une violente secousse ébranla le sol : la tour génoise, la mosquée et plusieurs maisons s'écroulèrent. La mer se retira à une grande distance et revint immédiatement couvrir la plage et les jardins qui la bordaient. La commotion principale, qui avait duré plus d'une minute, fut suivie d'un certain nombre d'autres plus faibles ; la population s'était retirée hors des murs à la première alerte et passa la nuit dans l'attente de nouveaux malheurs.

Le lendemain, 22 août, l'anxiété commençait à se calmer ; les habitants se rassuraient peu à peu et se disposaient à rentrer en ville pour constater les dégâts et tenter d'y porter remède, quand, vers midi, une seconde secousse bien plus violente que celle de la veille au soir et beaucoup plus prolongée, vint compléter le désastre ; la mer envahit de nouveau le rivage, renversant tout sur son passage. Quand le mouvement fut terminé, la destruction totale était consommée ; pas une maison ne restait debout. Un immense nuage de poussière s'étendait sur l'emplacement de la ville ; lentement il se dissipa, laissant à découvert un monceau de ruines, un fouillis de poutres enchevêtrées, dans un amas de décombres, de pierres noircies, de tuiles brisées, d'où émergeaient çà et là quelques vieux lambeaux de murs branlants à moitié écroulés — ce qui fut Djidjelli !...

Le sinistre ne se borna pas à des dégâts matériels, ont eut aussi des morts à enregistrer : cinq indigènes périrent ensevelis sous les décombres de leurs maisons ; un certain nombre d'autres reçurent des blessures ou des contusions. Les actes de dévouement ne manquèrent pas non plus dans cette triste circonstance ; les gendarmes du détachement cantonné à Djidjelli se prodiguèrent sous la direction du brigadier Poujade ; le gendarme Mouton retira plusieurs personnes prises sous les décombres et resta longtemps dans les rues pour venir en aide aux habitants, sans craindre d'être lui-même enseveli sous un éboulement. On se souvient encore à Djidjelli du sauvetage opéré courageusement par un enfant de douze ans, Ferdinand Gimié, qui, au lieu de s'enfuir seul pour se mettre à l'abri du danger, prit son tout jeune neveu couché dans un berceau et parvint à l'emporter dans ses bras, malgré le risque d'être écrasé par les maisons qui s'écroulaient.

Cette terrible secousse ne fut pas la dernière, mais celles qui suivirent diminuèrent de plus en plus d'intensité ; elles durèrent encore pendant près d'une année, mais sans occasionner aucun dégât.

Le danger passé, il fallut s'organiser ; on ne pouvait songer à relever les ruines de la ville détruite de fond en comble ; des tentes furent dressées sur l'emplacement des jardins et dans la plaine qui s'étend entre la plage et les premières pentes du Djebel Aïouf, puis on se mit à l'œuvre. Le premier hiver fut très rigoureux ; on avait à peine eu le temps de construire quelques gourbis et les tentes, sous lesquelles logeaient la plupart des habitants, étaient souvent emportées par le vent. Le sol était envahi par la boue, aussi la fièvre paludéenne ne tarda pas à faire son apparition et à exercer ses ravages. Malgré cela, en peu de temps la nouvelle ville commença à s'édifier ; sous l'active direction du colonel Robert, des rues furent tracées, des maisons s'élevèrent en bordure, des arbres furent plantés et quand revint l'hiver de 1857 à 1858, la population put être logée dans des habitations à peu près confortables, suffisantes en tous cas pour lui permettre de supporter plus facilement les rigueurs de la température. La nouvelle ville était fondée et par un sentiment facile à comprendre, on donna aux rues et places, des noms rappelant l'expédition de 1664.

On peut s'étonner à bon droit, que, malgré les excitations de fanatiques malintentionnés, la tranquillité des habitants n'ait point été troublée pendant ces jours néfastes. Ce résultat fut obtenu d'une part grâce à l'ascendant personnel qu'avait sur les indigènes le colonel Robert, commandant le cercle de Djidjelli depuis 1851 et dont l'esprit de justice et de décision était fort apprécié par eux ; de plus les Kabyles étaient encore sous l'impression de la crainte salutaire produite par les expéditions de 1851 et de 1853. Enfin l'influence exercée par les grandes familles qui s'étaient franchement ralliées à nous, les Ouled Amokran, les Ben Menia, entre autres, ne fut pas non plus étrangère à cet heureux résultat.

La vie se développa normalement dans la nouvelle cité ; elle ne fut point affectée par les mouvements insurrectionnels des tribus habitant les montagnes de la partie orientale du cercle de Djidjelli, qui forme actuellement le canton de Taher et une partie de celui d'El Milia. Plusieurs expéditions furent nécessaires pour réduire ces rudes montagnards, principalement les Beni Khettab, qui opposèrent une résistance acharnée mais vaine, à nos troupes commandées par le général Desvaux ; cette colonne, forte de dix mille hommes, put réprimer toutes les tentatives de rébellion. Commencées le 28 mai, les opérations se terminèrent fin juillet et le général Desvaux vint alors à Djidjelli embarquer les bataillons des provinces d'Alger et d'Oran qui regagnaient leurs garnisons.

On put apprécier les heureux effets de cette expédition, lorsque se produisit, en septembre 1864, dans le Babor, la révolte d'une troupe nombreuse de Kabyles du Zouagha. Les tribus de la vallée de l'Oued el Kebir et du cercle de Djidjelli, conduites par leurs caïds, vinrent nous apporter une aide précieuse ; elles se mirent d'elles-même à la poursuite des rebelles et parvinrent à s'emparer du mokkadem des Khouans de l'ordre de Sidi Abd er Rahman, qui était à la tête de l'insurrection. Le général Périgot, qui commandait la colonne expéditionnaire, après avoir rapidement pacifié la région, rentra à Sétif, rappelé par les événements du Sud ; il laissait le commandement du Babor au caïd Belkacem ben Habylès, dont on avait pu apprécier la valeur par les services qu'il nous avait rendus dans la région d'El Milia.

Cependant la tranquilité n'était qu'apparente ; dès le 10 octobre, le caïd Ben Habylès fut attaqué pendant qu'il était occupé à faire rentrer les contributions de guerre ; des coups de fusil furent tirés sur sa tente et il dut chercher un abri dans un village. Il se retira ensuite dans son bordj, où il eut à repousser les assauts des rebelles, ce qu'il fit victorieusement.

Dans les premiers jours de décembre, Ben Habylès, croyant les esprits apaisés, tenta de continuer les opérations interrompues en octobre ; attaqué de nouveau, il lui fallut encore se retirer. Enfin, après avoir repoussé deux agressions successives des fractions révoltées, il dut, le 8 février 1865, manquant de munitions, se réfugier à Arbaoun, après une troisième tentative de ces mêmes rebelles.

Cette révolte devait être réprimée ; deux colonnes furent organisées ; l'une sous les ordres du colonel Augeraud, commandant la subdivision de Sétif, attaqua le Babor par l'Ouest, tandis qu'une autre, sous les ordres du général Périgot, commandant la province de Constantine prenait le pays à revers par le côté oriental. La répression fut sévère ; les pertes éprouvées par les Kabyles, leurs villages brûlés par nos troupes, les razzias opérées par les contingents indigènes du cercle de Djidjelli, l'arrestation des chefs les plus compromis, amenèrent la population à demander l'aman. La belle conduite des goums de notre région leur valut les félicitations du général en chef.

Les deux colonnes, réunies sous le commandement du général Périgot, vinrent à Djidjelli où elles furent rejointes par quatre bataillons amenés par le général Le Poitevin de Lacroix. Les troupes se mirent en marche sur Mila, où elles arrivèrent le 28 mai ; les opérations se terminèrent le 7 juillet ; la tranquillité, cette fois, était réellement assurée et ne devait plus être troublée jusqu'à la grande insurrection de 1871, conséquence fatale de la guerre désastreuse où sombra le prestige et la dynastie de Napoléon III.

CHAPITRE IV

INSURRECTION DE 1871
et
PÉRIODE ACTUELLE

Des causes multiples de cette insurrection, voici, croyons-nous, quelles furent les principales : on peut placer en première ligne, sans crainte d'erreur, la promulgation du décret Crémieux, qui donnait aux Juifs algériens, la nationalité française avec tous les droits civils, civiques et politiques qu'elle comporte. Cette mesure, tout au moins inopportune, blessait profondément tous les musulmans qui ont pour les Juifs un mépris dédaigneux. La substitution du régime civil au régime militaire, mécontenta vivement la noblesse arabe, qui voyait disparaître, avec ce dernier, la plus grande partie de ses privilèges.

L'autorité militaire ne sut pas, non plus, conserver intacte notre influence. On accusa même certains officiers de bureaux arabes d'avoir prononcé des paroles imprudentes, qui, dénaturées ou faussement interprétées à dessein par des perturbateurs perfides, auraient presque pu passer, près des Arabes trop crédules et fanatisés, pour un encouragement indirect à la révolte. De plus le service des Affaires indigènes eut le tort de renoncer à la politique qu'on a résumée dans cette formule : « Diviser pour régner », politique qui nous avait réussi jusqu'alors et qui était traditionnelle dans le pays. Ainsi que le faisait si bien remarquer devant la commission d'enquête parlementaire, M. Warnier, ancien préfet d'Alger, les Turcs, qui n'avaient point une armée d'occupation comme la nôtre, n'ont dominé le pays pendant trois siècles qu'en opposant les influences indigènes les unes aux autres et en les neutralisant par un équilibre constant maintenu entre elles.

Loin de suivre cette méthode, le général Auregaud, commandant la subdivision de Sétif, employa toute son influence à réconcilier entre eux les me. ·bres des deux branches, divisées depuis longtemps, de la grande famille des Mokrani. Non seulement il y parvint, mais il put même commencer et faire poursuivre ensuite par son successeur, le colonel Bonvalet, la réconciliation entre Si Ben Ali Cherif, bachagha de la circonscription de Chellata, sur le versant méridional du Djurdjura, et Cheikh el Haddad, mokaddem suprême de l'ordre des Ramanya, habitant Seddouk, sur la rive droite de l'Oued Sahel. Au mois de février cette réconciliation était un fait accompli.

Ainsi donc, au commencement de l'année 1871, la situation pouvait se résumer ainsi : les querelles intestines entre les grandes familles indigènes étaient apaisées ; en outre la noblesse arabe et l'autorité religieuse, représentée par les confréries, si longtemps en antagonisme, avaient conclu un véritable pacte d'alliance ; toutes ces forces diverses ne formaient plus qu'un seul faisceau dirigé contre nous, qui étions affaiblis par les cruelles victoires de la Prusse ; l'insurrection était imminente ; elle allait éclater le 16 mars, deux jours avant celle de la Commune.

Quelques soulèvements partiels avaient, depuis le commencement de l'année 1871, précédé cette grande explosion. C'est ainsi, par exemple, que les spahis du Tarf, de Bou Hadjar et d'Aïn Guettar, entraînant avec eux deux mille cavaliers indigènes, attaquèrent et bloquèrent Souk-Ahras, le 26, 27 et 28 janvier. Plus près de nous, le poste d'El Milia fut attaqué par les tribus environnantes le 14 février et le général Pouget, qui avait déjà dégagé Souk-Ahras, vint le 27 février, débloquer la place et châtier les rebelles. Peut-être est-ce à cette circonstance, à cette sévère répression, que l'on doit le retard apporté par les tribus de notre région à suivre le mouvement insurrectionnel de la Grande Kabylie ; c'est, en effet, à la fin du mois de mai seulement, qu'elles entrèrent dans la lutte, alors que le succès de la révolte semblait tout au moins fort compromis, sinon désespéré, depuis la mort de Mokrani, tué le 5 mai au combat de l'Oued Soufflat.

Le mokaddem Cheikh el Haddad avait un fils, nommé Si Aziz et plus communément Cheikh Aziz. Celui-ci avait choisi pour le représenter dans la circonscription de Djidjelli, Salah ben Chater et Salah ben Bouchama de la tribu des Beni-Amran-Djeballah et les nommés Braham Bousoufa, ancien cheikh des Ouled M'hamed et Si Ahmed ben Ali, ancien adel du cadi de Tababort, demeurant au douar El Aouana.

Cheikh Aziz, qui se donna à lui-même le titre d'*Emir des soldats de la guerre sainte*, fut, d'après le commandant Rinn, le chef révolté qui, en pesant sur les consciences et en pillant avec ses Khouans les indigènes qui nous étaient restés fidèles, fit le plus de mal à l'Algérie pendant l'insurrection de 1871. Au mois d'avril, il envoya des partisans dévoués dans notre région pour y fomenter des troubles et écrivit au caïd Ben Menia de la tribu des Beni Amran et à celui des Beni Foughal, Ammar ben Ahmed ben Habylès, frère de celui dont nous avons parlé dans le chapitre précédent, plusieurs lettres pour leur demander de se joindre à lui, afin de nous combattre. Il les prévenait que s'ils refusaient de le suivre, il les combattrait, eux, leurs familles et leurs tribus.

Ces lettres n'eurent point le résultat que leur auteur en attendait ; les deux chefs ne se laissèrent point intimider par ces menaces. La famille Ben Menia avait, depuis son adhésion à la France, donné des preuves non équivoques de fidélité ; le caïd Belkassem ben Menia, alors en fonctions, suivit, dans ces conjonctures assez délicates, les traditions de sa famille, il nous resta attaché. La grande tribu des Beni Foughal nous avait longtemps combattus ; mais du jour où elle eut décidé de se soumettre, elle le fit sincèrement et sans arrière-pensée ; elle resta fidèle à la foi jurée. La famille Ben Habylès ben Aouas, elle aussi, nous avait donné des marques de dévouement ; les deux caïds refusèrent donc de participer à l'insurrection.

Bouaraour, caïd du douar Tababort et beau-frère de Cheik Aziz, ne s'était pas encore prononcé en faveur de l'insurrection ; il hésitait à le faire, lorsqu'un jour, étant à Djidjelli, des gens intéressés à sa perte et espérant peut-être le remplacer dans ses fonctions de caïd, lui assurèrent qu'on l'avait dénoncé à l'Administration supérieure comme un agitateur dangereux et qu'il était sur le point d'être arrêté et exécuté. On lui conseillait instamment de fuir et de se réfugier dans son douar. Bouaraour, se fiant à la parole de ceux qu'il croyait lui être sincèrement dévoués, quitta précipitamment Djidjelli en utilisant un moyen d'évasion assez singulier. Sous prétexte de dépister les agents qui pouvaient être à sa recherche, ses prétendus amis lui organisèrent une cachette dans un tombereau du service de nettoiement de la ville, qu'on couvrit d'un plancher à moitié hauteur de la caisse ; il se dissimula dans la partie inférieure, on remplit le dessus du plancher avec des détritus de légumes et le tombereau fut ainsi conduit hors de la ville. Arrivé dans la campagne, Bouaraour sortit de sa cachette et regagna son douar sur sa monture, qu'on avait précédemment amenée à un endroit convenu d'avance.

A partir de ce moment se décision fut prise ; faisant cause commune avec les insurgés, il tenta d'entraîner avec lui les autres tribus de la région. Le 4 mai, veille de la mort de Mokrani, Cheikh Aziz lui écrivait une lettre pour l'informer que le caïd Ben Habylès refusait de prendre parti pour l'insurrection ; il le priait donc de se joindre à lui-même pour attaquer les Beni Foughal.

Le caïd Ammar ben Ahmed ben Habylès avait conduit ses contingents à son frère Belkacem, caïd du Babor, pour l'aider à combattre les insurgés de cette région. Quand il eut connaissance des menées de Bouaraour, il revint rapidement avec son frère dans les Beni Foughal, pour s'opposer au passage des forces de Cheikh Aziz qui venait attaquer Djidjelli ; la rencontre se produisit le 27 mai. Un combat assez vif eut lieu le lendemain, 28 ; nous en trouvons le récit dans un rapport adressé par le caïd Ben Habylès au commandant supérieur, Dorange, du cercle de Djidjelli.

« J'ai l'honneur de vous faire connaître que le samedi 27 mai dernier, le nommé Aziz ben Haddad est arrivé dans la tribu des Tababort, accompagnée d'individus appartenant à la région de Bougie ; il a attiré à lui un grand nombre de mauvais sujets parmi lesquels se trouvent tous les gens du douar Tababort, ainsi que quelques insurgés venus de Takitount, de Sétif et du Ferdjioua. Il a divisé ses contingents en deux groupes : le premier campé à El Hamma, territoire des Beni Maâd, ayant pour chef un étranger, venu des Ouled Amokran et de la Medjana, accompagné de Si Amor bou Araour, frère du caïd de Tababort et de quelques mokaddems nommés par le père de ce dernier.

« Le second, commandé par Cheikh Aziz [était] campé à Merdj Gheroui, territoire des Beni Ourzeddine.

« Ces deux groupes se sont préparés à attaquer de côtés différents, notre Bordj et les décheras environnantes de notre frère des Beni Foughal. Le lendemain dimanche, dès le matin, les insurgés se sont mis en mouvement et, arrivés à une faible distance de nos habitations, ils se sont dispersés pour nous cerner entièrement.

« Le groupe dirigé par Bouaraour, le Mokrani et les mokaddem de Ben Haddad, qui avait passé la nuit à El Hamma, s'est lui-même partagé en deux : la première moitié nous a attaqués en nous faisant face, venant de Bourekkache, situé sur notre tribu, la seconde par la droite, venant du lieu dit « Nechma » du territoire des Beni-Khezzer (El Aouana).

« Le groupe placé sous le commandement du Cheikh Aziz s'est aussi subdivisé en trois portions qui nous ont également attaqués ainsi : deux en face partant de Khenak Asla et Fedj Errir, la troisième sur notre gauche au col de Selma. Les insurgés composant ce dernier détachement ont pris deux directions différentes : les uns sont descendus vers nos décheras à l'endroit appelé « El Merdjat », les autres occupèrent les crêtes de la montagne désignée sous le nom de « Goubia ».

« Entourés de toutes parts, nous avons essayé de les repousser et nous leur avons livré bataille à coups de feu, depuis le lever du soleil jusqu'à son coucher. Ils ont alors été obligés de battre en retraite. Pendant que nous les poursuivions, les insurgés placés à Mechma et Goubia, se sont avancés sur nous jusqu'au lieu dit « Khenala Chacha » afin de nous couper le seul passage par lequel nous eussions pu leur échapper.

« A ce moment nous nous sommes réunis, nous avons fait demi-tour pour leur faire face et tâcher de leur faire abandonner cette position. A coups de feu et à coups de sabre, nous avons pu traverser leurs rangs laissant, ainsi qu'eux, plusieurs combattants sur les lieux du combat.

« Les insurgés ont eu soixante-huit tués et vingt-six blessés, quinze fusils et deux mulets leur ont été enlevés.

« De notre côté, nos pertes ont été de quarante-cinq hommes, deux chevaux [tués ?], vingt et un hommes et un cheval blessés.

« Le combat terminé, nos gens se sont dispersés dans la forêt ; vingt-quatre d'entre eux, restés en arrière, ont été arrêtés et désarmés par les insurgés. Ceux-ci ont pillé et incendié toutes les maisons des Ouled Abdallah et quelques décheras des Ouled M'rabet, puis ils se sont ralliés au col de Selma, où ils ont passé la nuit pendant que nous demeurions dans les mechtas M'Sila et El-Djouzat, et que d'autres s'étaient mis à la recherche de leurs familles et de leurs troupeaux dispersés dans les bois.

« Le lendemain, lundi, nos adversaires ont profité de ce que nos gens étaient occupés à ces recherches pour attaquer notre bordj qu'ils n'ont pu détruire et des maisons appartenant à la Compagnie Algérienne à Guerrouch, qu'ils ont démolies et dans lesquelles ils ont pris des outils en fer.

« Ils ont emporté ensuite les grains contenus dans les silos et ont coupé ou arraché nos arbres fruitiers.

« Les cadavres de nos frères ont été mutilés ; les insurgés leur ont coupé à tous la main droite et les ont abandonnés.

« Quant aux individus de notre tribu faits prisonniers, Cheikh Aziz les a dirigés sur Seddouk et j'ignore ce qu'ils sont devenus.

« Je vous ai rendu compte des faits saillants et très exacts qui se sont passés entre nous, Aziz ben Haddad et les insurgés.

« Salut..... etc..... »

Après ce combat les indigènes des Beni Foughal furent obligés d'abandonner leur territoire ; ils ne pouvaient espérer résister, d'une façon efficace, à leurs trop nombreux ennemis ; ils vinrent donc tous se réfugier à Djidjelli, à l'exception de la fraction Ourzeddin, qui seule avait fait défection et s'était jointe aux insurgés. Le caïd Belkacem ben Menia, qui avait confié la garde de son bordj à son père Boudjema ben Rabah, vint aussi se mettre ici sous la protection de nos troupes.

Les révoltés pillèrent et saccagèrent, les établissements du cap Cavallo ; le 1er juin, Cheikh Aziz, qui avait établi son campement à Serdj Rih, brûla le bordj et les dernières habitations de la famille Ben Menia ; le lendemain, il retournait aux Amouchas. Toute la région ayant pactisé avec l'insurrection, il n'avait plus à craindre un retour offensif des tribus restées fidèles à la France ; il envoya donc la plus grande partie de ses contingents contre Djidjelli, sous la conduite de son Khalifa, Korichi ben Saadoun, originaire de Fedj-M'Zala.

Lors des premiers symptômes de révolte, la place était à peu près dégarnie de troupes. Dès qu'il eut connaissance du danger, le général commandant la province envoya immédiatement des renforts sous la conduite du lieutenant-colonel Béhic ; l'embarquement eut lieu à Philippeville, le 1er juin. La garnison se trouva composée de deux compagnies du 3e régiment de tirailleurs, une compagnie du 1er zouaves et quatre du 3e, une cinquantaine d'artilleurs et quelques cavaliers, soit un millier de combattants auxquels venait s'adjoindre la milice urbaine, soit environ deux cents hommes.

Une première tentative contre le centre de notre ligne de défense eut lieu le 7 juin ; elle échoua complètement. Le 9, au point du jour, nos avant-postes signalèrent l'ennemi ; les insurgés s'avançaient sur deux lignes, à travers bois, en suivant les crêtes. Ces contingents étaient surtout formés par les indigènes des Beni Amran Djeballah, des Beni Khettab, des Beni M'hamed, qui, tous, montrèrent contre nous le plus grand acharnement malgré les bonnes et anciennes relations qu'ils avaient eues avec les Européens.

Vers cinq heures du matin, le feu s'engagea du côté de la porte de Constantine entre les tirailleurs kabyles, embusqués dans le lit de l'Oued el Kantara et nos hommes gardant le poste du parc à fourrage. L'action ne tarda pas à s'étendre sur toute la lisière du petit bois, près de l'embouchure de la rivière ; la défense de cette partie de la ligne incombait aux compagnies du 3e tirailleurs ; la précision de leur tir maintint les assaillants dans leurs abris ; par trois fois les Kabyles tentèrent d'en sortir, par trois fois, ils furent repoussés. Une deuxième ligne d'insurgés étant venue appuyer la première, deux vapeurs embossés dans la crique du fort Duquesne, le *Forfait* et l'*Armide*, joignirent leurs feux à ceux des forts ; les rebelles furent mis en déroute et se retirèrent en laissant leurs morts sur le terrain ; ils avaient eu environ cent vingt-cinq hommes hors de combat.

Une troisième tentative fut faite le surlendemain : à sept heures du matin, le 11 juin, les contingents insurgés, qui étaient campés au col de Mezghitan descendirent en deux colonnes ; l'une d'elles se dirigea vers la partie du rempart située entre le fort Saint-Ferdinand et la mer ; la seconde marcha sur les forts Horain et Galbois et tenta de couper la conduite d'eau qui alimentait la ville, en y amenant le produit des sources de l'Oasis. Le lieutenant-colonel Béhic fit opérer une vigoureuse sortie par deux pelotons du 3e zouaves protégés par l'artillerie ; l'ennemi fut chassé avec pertes du bois où il s'était embusqué.

Une autre attaque eut encore lieu le 14 ; elle ne fut pas plus heureuse que les précédentes pour les insurgés, qui découragés, renoncèrent dès lors aux attaques violentes, se contentant d'établir un blocus à distance, dans l'espoir d'arriver ainsi à réduire la place et la forcer à capituler. On semblait être revenu aux premiers temps de la conquête, alors qu'aucun Européen ne pouvait s'écarter de la ligne des forts, sans courir le risque d'être assassiné par des fanatiques.

Entre temps, la colonne Lallemand avait débloqué Fort-National, dans la Grande Kabylie ; les troupes qui la composaient, s'avançaient en toute hâte vers notre ville ; le découragement semblait s'emparer des indigènes et des désertions commencèrent à éclaircir leurs rangs. Le colonel Béhic résolut de mettre à profit ces circonstances favorables, et le 26 juillet, à quatre heures du matin, il effectua une vigoureuse sortie avec une partie de la garnison. On brûla plusieurs villages des Beni Hassen, des Beni Haraïten et des Beni Ahmed ; on poursuivit les fuyards jusqu'à l'Oued Mencha ; les insurgés laissèrent un grand nombre des leurs sur le terrain. Au retour notre petite colonne fut assez vivement pressée ; nous eûmes à déplorer la mort du capitaine Heurteux, du sergent Roux du 3e zouaves et de deux hommes du même régiment, Bunthner et Blumberger. Vingt-deux insurgés furent fusillés à l'embouchure de l'Oued Mencha.

Le mercredi, 2 août, une nouvelle sortie fut effectuée sur le marché d'El Arba et se termina par un brillant succès. Le lendemain les troupes se dirigèrent encore sur ce même point pour protéger les Beni Caïd, qui venaient de faire leur soumission et qui avaient été chassés de leurs villages par les insurgés ; ceux-ci furent facilement dispersés et se retirèrent laissant sur le terrain quinze tués et de nombreux blessés. Le troisième jour, 4 août, une tentative de razzia, appuyée par le feu d'une frégate à l'ancre dans la rade, amena un engagement un peu plus sérieux, suivi d'ailleurs du même résultat.

Ces défaites successives jetèrent le désarroi parmi nos ennemis. Voyant qu'ils ne pouvaient arriver à aucun résultat, informés en outre du lamentable échec subi par l'insurrection de la Grande Kabylie, les révoltés des communes voisines et les contingents venus de la vallée de l'Oued Sahel abandonnèrent les tribus de la région de Djidjelli qui se trouvèrent ainsi réduites à leurs seules forces. Aussi, lorsque l'importante colonne organisée à Mila sous les ordres du général Le Poitevin de Lacroix, se mit en marche, le 23 août, pour venir dégager notre territoire, elle n'éprouva pas une très forte résistance. Les troupes campèrent, le 7 septembre, sous les murs de Djidjelli et se dirigèrent ensuite sur le col d'El Aouana où elles arrivèrent le 10, sans avoir eu à combattre.

De nombreux chefs pris les armes à la main furent fusillés séance tenante ; enfin le mercredi 20 septembre 1871, date à laquelle on peut fixer la fin de l'insurrection dans le cercle de Djidjelli, le caïd Bou Araour vint faire sa soumission ; il fut immédiatement incarcéré et déporté en France. On le transféra en Algérie, en 1872, pour être compris dans les poursuites qui aboutirent au fameux procès des chefs de l'insurrection et qui fut surtout le procès des bureaux arabes. Il fut acquitté et revint dans son pays d'origine, où il vécut dans le plus complet isolement ; il y mourut environ vingt ans après.

A partir de la fin de l'année 1871 la sécurité fut assurée et la ville put se développer, sans nouveaux troubles, dans le calme et la tranquillité. Les insurrections partielles qui éclatèrent dans le Sud-Algérien, les expéditions de la Tunisie et du Maroc, n'eurent aucune répercussion dans la région de Djidjelli et pendant la

Grande Guerre de 1914 à 1918, alors que, dans le département même de Constantine, des soulèvements se produisirent qui auraient pu inciter les montagnards kabyles à la révolte, les indigènes de notre ville et de ses environs, donnèrent, malgré les sourdes menées des empires centraux, des marques non équivoques de fidèle attachement à la France. La longue liste de ceux qui, tombés en combattant pour la France, ont leurs noms gravés, au pied du Monument aux Morts, avec ceux des Français qui donnèrent leur vie à la Patrie, en est la preuve indiscutable. Ce résultat fut obtenu, en grande partie, par l'influence personnelle du maire alors en exercice, M. Barbedette, qui était universellement estimé et respecté par tous les habitants, européens et indigènes.

QUATRIÈME PARTIE

Organisation politique, administrative et économique depuis la conquête

ORGANISATION POLITIQUE, ADMINISTRATIVE ET ÉCONOMIQUE

§ 1. — Commissariat civil

Pendant que les opérations de l'armée se poursuivaient, affermissant notre nouvelle conquête et établissant notre domination dans la région, d'une façon solide et définitive, l'organisation civile se développait parallèlement à l'expansion militaire.

Au début, tous les services étaient réunis dans la même main et le commandant du Cercle avait sous son autorité l'administration civile et judiciaire ; il était à la fois chef militaire, maire, juge de paix, notaire, etc. Cet état de choses, excellent et même nécessaire dans les premiers temps d'une occupation et tant que la pacification réelle n'a pas été complètement réalisée, devient plus tard une entrave au bon établissement de la colonisation, par suite de la gêne apportée par la trop grande concentration de tous les services sous un seul chef.

C'est pourquoi, dès que, dans la nouvelle ville édifiée après le cataclysme de 1856, la vie eut repris son cours normal, le gouvernement impérial songea à doter cette agglomération d'un régime mieux approprié à ses besoins. Pour arriver progressivement au droit commun, on commença par l'ériger en Commissariat civil. Sur un rapport détaillé du prince Jérôme Napoléon Bonaparte, alors chargé du ministère de l'Algérie et des colonies, l'empereur Napoléon III, signa, le 13 octobre 1858, un décret instituant un Commissariat civil dans la ville de Djidjelli. Le ressort de cette circonscription devait s'étendre provisoirement à un rayon de quatre kilomètres autour de l'enceinte du chef-lieu. Trois jours plus tard, le 16 octobre, un autre décret impérial nommait commissaire civil de Djidjelly (*sic*), M. Bron, chef de bureau à la préfecture d'Alger. Ce premier commissaire civil resta pendant deux ans et demi environ, du 16 octobre 1858 au 23 mars 1861, à son poste, qu'il quitta pour aller, en la même qualité, occuper celui de Batna ; il fut remplacé dans notre ville par M. Duboc, chef de bureau à la préfecture d'Alger comme son prédécesseur.

Le nouveau district de Djidjelli, qui faisait alors partie de l'arrondissement de Philippeville, fut délimité par un décret du 14 septembre 1859. Ce district, formant une enclave dans le territoire militaire, avait une superficie de trois mille hectares ; il était compris entre la mer au Nord et la chaîne des Babor au Sud et à l'Ouest. Voici, du reste, ses limites telles qu'elles sont décrites au décret du 14 septembre 1859.

Au Nord :

La mer depuis la pointe qui s'avance dans la mer au lieu dit *Meurdj Kala* à l'Ouest jusqu'à l'embouchure de l'Oued Mencha, à l'Est ;

A l'Est :

L'Oued Mencha que l'on remonte jusqu'à sa rencontre avec le chabet *Bou Marissa ;*

Au Sud :

Le chabet ou ravin qui prend successivement les

noms de *Bou Marissa*, de *Stita* et de *Tidjiaïne* et que l'on suit en le remontant jusqu'au chemin arabe de Sétif à Djidjelli ;

Ce chemin jusqu'à la rencontre du ravin de *Ben Hamada ;*

Ce ravin jusqu'à l'Oued *Ben Hamada ;*

Les Chabet *Segnia dar Moussa* et *Bou Djerouna* jusqu'à l'Oued *Kantarah ;*

Cet oued que l'on remonte au Sud jusqu'au point où il reçoit l'Oued *Kellah ;*

L'Oued *Kellah* jusqu'au Chabet *Meurdja ;*

Le Chabet *Meurdja* jusqu'au *Coudiat Telouda ;*

Une ligne passant par le *Coudiat Telouda* et les Kef ou pics *Makade*, *Si Saïd*, *Labad* et *Sour ;*

A l'Ouest :

Le Kef *Mezritouna* jusqu'au *Meurdj Kala*, point de départ.

§ 2. — Commune de plein exercice

Le régime du commissariat civil fut ici de courte durée. Dès le 18 février 1860, un décret impérial érigeait Djidjelli en commune de plein exercice. Néanmoins l'étiquette seule changeait : le commissaire civil remplissait provisoirement les fonctions de maire. Il devait être assisté d'un conseil municipal composé de six membres dont quatre français, un étranger européen et un indigène musulman. Les conseillers municipaux étaient, non pas élus par la population, mais choisis par l'Administration supérieure. Le choix en fut retardé jusqu'à ce que la constitution de la commune put être (dit le rapport précédant le décret) « dégagée des difficultés inhérentes à toute nouvelle organisation administrative. »

Comme nous l'avons vu plus haut, le 23 mars 1861, M. Bron, le premier commissaire civil et maire fut remplacé par M. Duboc.

C'est seulement au *Bulletin officiel* de 1864, que l'on trouve trace des premiers conseillers municipaux. Le maire était M. Jauffret, commissaire civil, l'adjoint M. Haecker et les conseillers municipaux MM. Jean, Carnet, Royer, Morel, Fiori, caïd Salah (ben Bousdira).

Administrativement la commune de Djidjelli fut détachée de l'arrondissement de Philippeville pour être rattachée à celui de Bougie, lorsque cette ville, dont le territoire faisait partie de l'arrondissement de Sétif, fut érigée en sous-préfecture par décret en date du 27 juillet 1875.

§ 3. — Milice

Nous avons vu que, lors de l'insurrection de 1871, la milice avait contribué à la défense de la ville. Cette milice avait été créée par un arrêté du ministre, secrétaire d'Etat au département de l'Algérie et des colonies en date du 5 août 1860, en exécution du décret impérial du 9 novembre 1859, sur l'organisation des milices en Algérie.

A la création l'effectif se composait de quatre-vingts miliciens ; l'Etat-Major et les cadres comprenaient : un capitaine, un lieutenant, un sous-lieutenant, un sergent-major, un sergent fourrier, quatre sergents, huit caporaux et un tambour.

Une compagnie de sapeurs-pompiers était adjointe à la milice ; elle était commandée par un lieutenant, un sergent et deux caporaux.

Les premiers officiers de cette milice furent : MM. Hæcker (Edouard), capitaine-commandant ; Maribaud, lieutenant ; Morel Hippolyte, sous-lieutenant. La section de pompiers était commandée par M. Chatillon (Prosper), lieutenant-commandant.

§ 4. — Service judiciaire

Les autres services publics avaient aussi été l'objet d'une première organisation ; tous, sauf celui de la justice, étaient gérés par des fonctionnaires qui leur étaient attachés ; cette organisation différait peu de celle que nous avons actuellement.

Le service de la justice était administré par le commissaire civil faisant fonctions de juge de paix et ressortissait au tribunal civil de Philippeville. La justice de paix, telle qu'elle existe actuellement, a été créée par décret du 4 août 1870. Elle fut rattachée au tribunal civil de Bougie, lorsque ce tribunal fut institué par décret du 10 mars 1873.

Les différents services de la justice, la salle d'audience, le cabinet du juge, celui de l'interprète, le greffe, etc., sont encore à l'heure actuelle logés dans des baraquements datant de la campagne de Crimée et qui sont dans un état de délabrement complet.

§ 5. — Cultes

Depuis la conquête jusqu'en 1843, le service du culte catholique n'était pas régulièrement assuré ; l'aumônier de la légion étrangère venait à Djidjelli pour le service religieux, en cas de besoin. En 1843, la paroisse fut créée et M. Bernard Marico fut le premier curé reconnu par l'Etat. Depuis cette époque dix-huit autres prêtres, dont deux sont décédés dans leur paroisse, lui ont succédé. M. le curé Gonthier, qui occupe actuellement (1927) la cure de Djidjelli, en est le dix-neuvième titulaire.

Dans les premiers temps le sacrifice de la messe était célébré dans la chapelle de l'hôpital militaire, qui servait d'église paroissiale. Après le tremblement de terre de 1856, le génie militaire édifia provisoirement, avec les planches des baraquements provenant de l'expédition de Crimée, une église en face de la mer. C'est le local qui sert maintenant de salle de répétitions pour la société musicale : la *Lyre Djidjellienne.*

Les travaux de l'église actuelle commencèrent en 1873 ; la pose de la première pierre eut lieu le 2 juin : elle fut inaugurée le jour de la première communion en 1875.

— Le culte musulman ne fut pas oublié ; une mosquée assez élégante a été construite sur les plans de l'architecte Ségade et inaugurée peu de temps après l'église catholique.

— Quant à l'église réformée qui compte peu d'adeptes dans la région (ce sont surtout des évangélistes), elle ne possède qu'un temple très simple dans les baraquements qui font suite à l'ancienne église catholique.

§ 6. — Population

Le développement des services administratifs était motivé par un accroissement progressif de la population civile. Au début celle-ci se composait principalement, comme européens, de commerçants qui suivent les armées, d'ouvriers, venus en général du Midi de la France, de maçons du Piémont et du Tessin et enfin de pêcheurs et corailleurs, surtout napolitains et siciliens.

Nous avons vu que, pendant les premières années, l'occupation se réduisait tout d'abord à la seule presqu'île ; c'est seulement vers 1845, que nous pûmes occuper d'une façon effective, la partie de la plaine comprise entre la mer et la ligne des blockhaus, c'est-à-dire, à peu de chose près, simplement la superficie de la ville actuelle et ses faubourgs. Quand les tribus eurent fait leur soumission au maréchal Randon, en juin 1853, les relations entre les habitants de la ville et les indigènes devinrent meilleures et plus fréquentes, des transactions assez nombreuses eurent lieu de part et d'autre et la population européenne s'accrut assez rapidement.

Le tremblement de terre de 1856 qui détruisit complètement la vieille ville, eut le singulier effet d'augmenter en très peu de temps et dans de notables proportions le nombre des habitants. Les travaux de construction du nouveau centre amenèrent un grand nombre d'ouvriers et de commerçants, qui, séduits par la douceur du climat et la beauté du pays, s'y installèrent définitivement. De ce fait, la population s'éleva, en l'espace d'un an, de quatre cent cinquante à douze cents européens. On put alors se livrer plus facilement à la mise en valeur des richesses naturelles du pays, au premier rang desquelles se placent les forêts qui couvrent près de la moitié de la superficie du canton.

§ 7. — Forêts

Chênes zéens et chênes afarès. — L'exploitation des forêts, surtout dans le douar des Beni Foughal, a commencé bien longtemps avant notre conquête. Les Turcs, au temps de leur domination, avaient trouvé dans les montagnes de ce douar, des forêts de chênes afarès, dont le bois résistant, convenait fort bien pour la construction des vaisseaux. Aussi l'employaient-ils pour les besoins de leur marine et voici, d'après Féraud (*Histoire de Bougie*) comment se pratiquait cette exploitation :

« A Bougie, résidait un personnage qualifié de Onzir el Harasta, emploi correspondant à peu près à celui de nos ingénieurs des constructions navales. Il avait pour adjoint un khodja ou commis aux écritures, chargé d'enregistrer les livraisons de bois faites par les Kabyles et de les payer ensuite. L'ingénieur, nous lui conserverons ce titre, se rendait quand il y avait nécessité, sur les trois points d'embarquement de la côte que nous allons indiquer :

« 1° à l'embouchure de l'Oued Zeitoun chez les Beni Amrous, un peu à l'Ouest du Cap Aokas ;

« 2° au petit port de Ziama, l'ancienne Choba près de l'îlot de Mansouria ;

« 3° et enfin à Taza, crique bien abritée pour le petit cabotage, située à l'embouchure de l'Oued Taza chez les Beni Foughal.

« L'ingénieur faisait débarquer certaines pièces de charpente devant servir de modèle type ou d'étalon et s'entendait avec le Cheikh el Harasta de la localité pour la fourniture d'un nombre déterminé de pièces conformes au modèle apporté. Cette première opération terminée, l'ingénieur, toujours accompagné de son secrétaire, était conduit dans les forêts, choisissait lui-même les arbres qu'il convenait d'abattre et les martelait. Sa tournée achevée, il rentrait à Bougie, attendant qu'on lui donnât avis que les charpentes commandées étaient prêtes à être livrées. Retournant alors sur les chantiers, c'est-à-dire en forêt, il examinait le travail et marquait à nouveau celles de ces pièces qu'il avait acceptées pour qu'on les transportât sur la plage où avait lieu l'embarquement.

« Chacune de ces charpentes était nécessairement désignée par un nom spécial en raison de sa forme et de sa destination ; elles étaient aussi l'objet de taxes proportionnées à leur nature et au plus ou moins de main-d'œuvre qu'elles avaient exigé.....

« Le payement des Kabyles s'effectuait ensuite de la manière suivante : à la seconde tournée de l'ingénieur, qui allait reconnaître et recevoir les charpentes commandées, il établissait à l'aide de son Khodja, une note détaillée de ces charpentes et de leurs différents prix ; le total de la somme se divisait en trois parts : un premier tiers, dit *arboun* (les arrhes), était remis séance tenante, au Cheikh el Harasta de la localité, qui le répartissait par parties égales à tous les propriétaires de la forêt exploitée. Ce premier compte réglé, les Kabyles procédaient au transport des bois amenés en les faisant glisser sur les pentes, les portant à bras ou les trainant à l'aide de cordes fournies par la marine algérienne. Quand le tout était entassé sur la plage, l'ingénieur turc complétait le paiement des deux autres tiers, désignés par *Hak el Khedma*, salaire du travail des charpentiers et *Hak el Refoud*, prix de l'extraction de la forêt, du transport jusqu'à la plage et de l'embarquement.

« Des felouques, d'un très faible tirant d'eau, allaient, dans le courant de l'été le long de la côte, recueillir les bois apprêtés et les rendaient au port de Bougie où des navires d'un plus fort tonnage emportaient ce qui était spécialement destiné à l'arsenal maritime d'Alger ou aux constructions des maisons de la ville.

« L'exploitation de la Harasta était, pour la marine algérienne, d'une importance telle que les faveurs les plus larges étaient accordées à ceux qui en étaient chargés. »

Les fonctions de Cheikh el Harasta furent toujours remplies dans les Beni Foughal par les Ben Habylès, dont les descendants sont encore aujourd'hui adjoints indigènes.

Une autre espèce de chêne, le zéen, est employée pour les traverses de chemin de fer et fait l'objet d'un commerce assez considérable. Il en est de même des sous-produits de cette exploitation, le bois de chauffage et le charbon qui sont expédiés par mer en grandes quantités.

Liège. — Mais la principale richesse forestière, celle qui prime — et de beaucoup — toutes les autres, est l'exploitation du liège. C'est cette industrie qui apporte actuellement au pays, sa principale richesse ; et cependant ce n'est qu'à partir de la période 1880 à 1890 qu'elle a pris naissance dans la région.

Les débuts furent pénibles ; il faut, en effet, attendre assez longtemps — neuf ans — avant de pouvoir faire une récolte de liège, dit liège de reproduction, qui soit propre à divers travaux. A cette époque, la première écorce, appelée liège mâle, qu'on enlève pour obtenir du liège de reproduction, ne trouvait pas acquéreur, et on devait le laisser pourrir en forêt. Après le démasclage, il fallait donc attendre neuf ans avant de pouvoir récolter un liège ayant une valeur marchande et cela avec la crainte incessante des incendies, souvent dus à la malveillance, qui pouvaient, en quelques heures, détruire le travail et les espérances de plusieurs années ; aussi, seules, des compagnies assez puissantes, pouvaient entreprendre ces travaux. Des industriels obtinrent des indigènes possesseurs de forêts, des baux à long terme qui leur permirent de réaliser de gros bénéfices.

Depuis les prix sont devenus plus rémunérateurs ; le liège mâle, qui autrefois n'avait aucune valeur, trouve acquéreur à un bon prix. On l'expédie en grandes quantités en Amérique, où il sert, entre autres produits manufacturés, à la fabrication du linoléum. Pour utiliser ce même liège mâle, des industriels ont tenté d'installer à Djidjelli même, une usine destinée à produire des tuiles, briques et plaques en liège comprimé ; mais l'emplacement mal choisi et une administration défectueuse n'ont pas permis à cette industrie de s'implanter dans le pays ; on a dû licencier les ouvriers. Il est regrettable qu'elle n'ait pu prospérer et doter ainsi la ville d'une nouvelle source de richesse.

Le liège de reproduction est, après démasclage, mis en pile et transporté par mer en France et à l'étranger, surtout en Amérique et en Allemagne. Le surplus de ce liège est traité sur place, transformé en planches, expédié aussi par mer ou débité en carrés puis en bouchons. L'industrie bouchonnière a pris une grande extension à Djidjelli et envoie ses produits en grandes quantités, même par colis postaux, en France et à l'étranger.

Le port de Djidjelli se classe, pour l'expédition des lièges, en tête de tous les autres ports de l'Afrique du Nord, même avant Bougie, Bône ou Philippeville.

Pipes. — Une nouvelle industrie a, depuis quelques années prospéré ici dans d'assez fortes proportions, celle des ébauchons pour la fabrication des pipes en racines de bruyère. Les souches sont extraites des terrains couverts de broussailles par la main-d'œuvre indigène ; elles sont ensuite débarrassées de la terre qui y adhère et lavées puis, avant de passer en sciage, mises à macérer pendant quelques mois, au moins, pendant un an, si les provisions faites antérieurement par l'usine, le permettent. Après avoir été débités et grossièrement mis en forme, les ébauchons ainsi préparés sont triés en plusieurs qualités différentes et expédiés soit dans le Jura, soit en Amérique.

De nombreux ouvriers, indigènes ou italiens, pour la grande majorité sont ainsi employés dans ces usines où ils reçoivent des salaires élevés, en partie justifiés par les risques d'accidents du travail assez fréquents dans cette branche d'industrie.

§ 8. — Agriculture

Vignes. — L'agriculture est assez florissante ; des plantation de vignes, de jour en jour plus nombreuses, ont été faites et produisent un vin assez estimé.

Les nouvelles méthodes de culture et de vinification commencent à être employées dans le pays et donnent des résultats que les anciens procédés ne permettaient pas d'espérer.

Céréales. — Il se fait aussi à Djidjelli, un très grand commerce de céréales ; elles proviennent en partie, de la production locale assez restreinte et surtout d'achats faits dans d'autres régions. Les grains amenés dans la localité, y sont travaillés pour être réexpédiés soit en Algérie, soit en France ou à l'étranger.

Oliviers. — Une autre culture qui donne actuellement de très bons résultats est celle de l'olivier. Autrefois les olives étaient presque exclusivement récoltées par les indigènes et l'huile fabriquée par eux, selon la manière kabyle, avait un goût spécial et extrêmement prononcé, qui la rendait impropre à la consommation européenne. Depuis un certain nombre d'années, la culture de l'olivier a été modifiée et grandement améliorée ; les récoltes sont devenues plus abondantes ; les fruits de meilleure qualité donnent une huile recherchée.

Des Européens ont installé des moulins perfectionnés qui permettent d'obtenir une huile très comestible et débarrassée du goût et de l'odeur que possèdent les huiles kabyles. Les indigènes eux-mêmes viennent apporter leur huiles à broyer à ces moulins et ont pu réaliser ainsi de beaux bénéfices.

Voici dans quelles conditions on procède habituellement à cette fabrication : la cueillette est faite par une famille indigène, qui reçoit comme salaire, le tiers de la récolte ; les deux autres tiers appartiennent au propriétaire. Les olives sont transportées au moulin où l'on retient huit pour cent comme prix de fabrication. Souvent la totalité de la récolte est portée au moulin et le partage entre le propriétaire et la famille indigène se fait en huile au lieu d'être fait en olives, et toujours deux tiers pour le propriétaire, un tiers pour le travail de cueillette.

§ 9. — Port

Tous ces produits ne pouvaient être consommés ou employés sur place, il fallait donc songer à leur trouver des débouchés et surtout des moyens pratiques de transport. Or, si les routes qui relient Djidjelli soit à Bougie, soit à Philippeville ou Constantine sont très pittoresques et font l'admiration des touristes, elles sont, en revanche. beaucoup trop longues malheureusement, pour les besoins du commerce, la voie ferrée la plus proche étant à Bougie, c'est-à-dire à quatre-vingt-seize kilomètres.

Les transports par terre étant donc trop onéreux, on a voulu utiliser les transports par mer qui sont peu coûteux. Mais l'ancien port, qui pouvait encore servir dans les premiers temps de la conquête, était devenu tout à fait insuffisant et peu en rapport avec le développement du commerce et de l'industrie. De plus il offrait trop peu de sécurité par un gros temps ; souvent les bateaux qui faisaient le service du littoral, ceux de la Compagnie Transatlantique notamment, étaient obligés de passer au large sans pouvoir entrer dans le port.

On avait bien construit un quai et une petite jetée, orientée sensiblement du Nord-Ouest au Sud-Est, mais le nouveau port ainsi formé ne répondait pas davantage à tous les nouveaux besoins. L'industrie avait pris une extension très grande ; le commerce l'avait suivie dans cette voie et à ce progrès devait correspondre une augmentation proportionnelle dans les moyens d'embarquement. Les terre-pleins aménagés à l'Est de la citadelle, entre elle et le petit port, étaient d'une superficie trop restreinte pour y loger tous les produits forestiers et les diverses marchandises qui venaient s'y accumuler. Aussi dès l'année 1905, on commença à les agrandir et les poursuivre sur toute la longueur de la partie orientale de la citadelle jusqu'aux rochers qui les protégeaient lorsque la mer était grosse.

Cette défense naturelle était cependant trop faible : pour y remédier on avait projeté de construire une jetée reliant la pointe Nord-Est de la presqu'île de la vieille ville au phare construit en mer à l'extrémité de la ligne des brisants. Les plans avaient été dressés ; en 1907, la construction de cette jetée fut décidée et les travaux mis en adjudication. Ils furent confiés à des entrepreneurs énergiques, hardis et disposant de moyens financiers suffisants, ainsi que d'un matériel puissant, entre autres ce fameux *Titan* qui devait finir au Maroc, par une journée de l'hiver 1925, lors de la construction de la jetée du port de Mehedya, où par suite d'une fausse manœuvre, un fléchissement se produisit dans une des assises de la jetée, l'appareil glissa sur ses galets et s'écroula sur les rochers et dans la mer (1).

La pierre nécessaire à la construction des blocs fut prise à l'ancienne pointe Picouleau, celle du cimetière européen actuel. On y trouva une pierre dure excellen-

(1) Labadie-Lagrave. — *Le Mensonge Marocain.* page 327.

te pour ce genre de travail et l'exploitation de cette carrière se continue encore aujourd'hui.

En deux ans et demi les travaux furent achevés et le port offrit alors toute sécurité aux navires qui, autrefois, devaient souvent renoncer à y jeter l'ancre. On finit d'aménager, par étapes successives, jusqu'en 1912, les terre-pleins qui servent actuellement d'entrepôts pour les lièges et les traverses de chemin de fer. Les produits des forêts environnantes peuvent donc attendre maintenant sans aucun danger, les bateaux qui viennent les enlever pour les transporter à destination. Des baraquements ont même été construits et la location des terrains donne un revenu appréciable.

Mais des travaux d'amélioration et d'extension ont été envisagés ; après de nombreuses tergiversations dues à la lenteur traditionnelle des bureaux, ces projets vont enfin passer dans le domaine de la réalisation, grâce à l'activité et à la persévérance de M. Morinaud, député de la circonscription, qui a pris en mains les intérêts de sa ville natale. La commission interdélégataire des Grands Travaux, présidée par M. Galle, délégué financier de Djidjelli, a voté pour l'exercice 1928 une somme de un million cinq cent mille francs, avec une prévision de cinq millions cinq cent mille francs pour 1929 et une autre de quatre millions pour 1930. En outre, la commune de Djidjelli doit concourir à ces travaux pour une somme de un million deux cent mille francs, ce qui donne un total de douze millions deux cent mille francs.

Cette subvention, due surtout à l'initiative et à la ténacité de M. Galle, a été ratifiée par le Conseil Supérieur et les travaux doivent commencer immédiatement après la déclaration d'utilité publique. Ils comprendront la construction d'une jetée au Sud-Est du port, partant du fort Duquesne et se dirigeant au Nord vers le phare ; puis l'établissement d'un môle et d'un terre-plein. Espérons que les futurs entrepreneurs auront à cœur de montrer autant d'activité que leurs devanciers, les constructeurs de la grande jetée.

Viendront ensuite les travaux d'un épi qui, partant du grand phare, prolongera la grande jetée en formant un angle avec elle. Se dirigeant du Nord-Ouest au Sud-Est, il laissera une passe assez large entre son extrémité et celle du môle partant du fort Duquesne. Le nouveau port ainsi formé, assez grand pour satisfaire à tous les besoins du trafic, sera complètement abrité de tous les vents et des courants qui peuvent se former par grosse mer ; les navires de tous tonnages y seront ainsi garantis contre les plus fortes tempêtes.

Ces travaux ont été reconnus urgents, afin que les minerais transportés par le chemin de fer en construction puissent être commodément entreposés et manipulés sur place avant leur embarquement. L'histoire de cette ligne de chemin de fer montre, une fois de plus, combien l'inertie des bureaux est préjudiciable au développement du commerce et de l'industrie.

§ 10. — Chemin de fer

Depuis longtemps déjà, les habitants de Djidjeili demandaient à voir leur ville reliée à la grande ligne d'Alger à Constantine par un chemin de fer d'intérêt local, lorsqu'au moment des élections de 1885, on songea à leur donner une satisfaction tout au moins platonique. Dans sa première session de 1886, le conseil général votait une somme de dix mille francs pour l'étude du chemin de fer Sétif-Djidjelli. C'était un premier pas vers une une solution qui, si elle avait abouti, aurait pu donner un assez grand essor à la prospérité de la contrée. Malheureusement cet effort demeura stérile et sans effet ; bientôt après on n'en entendit plus parler. Cependant, au mois d'octobre 1890, le conseil général fut appelé à statuer sur une proposition de la maison Decauville, se chargeant de construire un chemin de fer Djidjelli-El Milia.

Depuis les projets se succédèrent de plus en plus nombreux, jusqu'en 1907, époque à laquelle la ligne Djidjelli-Bizot-Constantine fut votée par le Parlement. Les difficultés matérielles d'exécution semblaient moins grandes par ce nouveau trajet que vers la région de Sétif et on espérait arriver plus rapidement à un résultat pratique. Il est néanmoins regrettable qu'on n'ait pu donner suite au premier projet, Sétif-Djidjelli, qui reliait cette ville à un point intermédiaire entre Alger et Constantine et donnait avec ces deux villes, de grandes facilités de communication, tandis que la ligne Djidjelli-Bizot n'établit de relations qu'avec Constantine et Philippeville, port qui peut venir, pour le transport des minerais, en concurrence avec le nôtre, mais n'offre aucun avantage pour Djidjelli, les communications entre les deux ports étant assurées par les services de navigation côtière.

Quoi qu'il en soit, le vote a été émis en 1907 et depuis vingt ans aucune portion de la ligne n'a été terminée (1). La guerre de 1914 a pu, en fait, apporter un certain retard dans l'exécution de quelques travaux, mais avant la déclaration de guerre et depuis la cessa-

(1) Et le premier projet date depuis plus de quarante ans ; bel exemple d'apathie bureaucratique !

tion des hostilités, c'est-à-dire pendant plus de quinze ans, ils se sont poursuivis, par intermittences, avec une extrême lenteur. En 1919, on a bien commencé à aménager entre le fort Duquesne et les abords de l'ancien port, un terre-plein destiné à recevoir, à proximité de la mer et des quais, la future gare du chemin de fer, mais là, comme ailleurs, la continuation et la terminaison des travaux ont été remises à une date ultérieure.

Bien mieux, — alors qu'en 1922, on prévoyait pour 1927, l'achèvement de la partie Djidjelli-El Milia ; pour 1928 celui de l'embranchement Bizot-Mila et enfin pour 1930 l'achèvement du raccordement El Milia-Mila et la mise en exploitation de la ligne complète, — il n'était plus question, dans les prévisions de l'administration en 1923, que du seul tronçon Djidjelli-El Milia avec prolongement sur Souk el Tenine et cela pour 1928 seulement ; quant au reste, entre Souk el Tenine et Bizot, il n'en était plus question, aucun travail, aucune dépense, rien n'était prévu !

Pourtant l'achèvement de la totalité de la ligne Bizot-Djidjelli est d'une importance capitale pour toute la région, aussi bien pour les centres environnants que pour notre ville même. Malgré tous les avantages qu'offre le pays, les affaires languissent, la population européenne diminue de jour en jour, faute de moyens de communication.

Cependant les frais d'exploitation seraient largement couverts par suite du mouvement des affaires créé par l'établissement de cette ligne. Les mines de fer de Sidi-Marouf et du Boudjoudoun à douze kilomètres d'El Milia, à soixante-quinze kilomètres de Djidjelli, donneront sans difficulté cent cinquante à deux cent mille tonnes de minerai par an. On peut même compter sur trois cent mille tonnes au moins de trafic annuel. Leur transport procurera au chemin de fer un bénéfice net de quatre francs par tonne : au total, douze cent mille francs par an. A ce trafic vient s'ajouter celui du bois, du charbon, des huiles, du liège, du tanin, de tous les produits de ce beau et riche pays. « C'est un paradoxe « vraiment qu'il nous ait fallu tant batailler pour l'ob- « tenir », écrit M. Morinaud, député, dans un article du *Républicain* de Constantine, auquel nous empruntons ces divers renseignements.

....

Il faut reconnaître, cependant, que depuis 1926, une recrudescence d'activité semble se produire dans les travaux de la ligne Djidjelli-El Milia. Mais cet effort sera insuffisant tant que la ligne ne sera pas complétée par le raccordement avec Bizot pour relier notre ville à une grande ligne. L'industrie privée a pourtant, depuis quelques années, tenté de réagir contre l'apathie dans laquelle la maintenaient certains services publics; les usines de liège sont devenues nombreuses et importantes ; celles d'ébauchons de pipes se sont multipliées, faisant dans les défrichements de la région, de forts achats de souches de bruyère, augmentant ainsi la richesse individuelle et contribuant à la prospérité générale du pays.

Des syndicats d'initiative et de tourisme, un autre syndicat commercial ont groupé les bonnes volontés de notre centre et, sous leur impulsion, une vie nouvelle et plus active semble vouloir s'y créer. De beaux et importants immeubles ont été édifiés, d'autres sont en voie de construction ; la Banque de l'Algérie a élevé un magnifique immeuble, avenue Gadagne ; un luxueux hôtel pour touristes se construit actuellement au quartier de la Pépinière, dominant la rade et permettant au voyageur de contempler sans fatigue un paysage vraiment admirable. D'autres constructions sont en projet, un hôtel des Postes, une Justice de paix, — l'emplacement de cette dernière semble d'ailleurs, assez mal choisi à l'extrémité de la ville, près de la prison ; mais cette conception peut être modifiée avant qu'il soit passé à l'exécution.

Toutes ces améliorations pourront attirer de nouveaux et nombreux habitants dans ce centre offrant toutes les commodités de l'existence : vie relativement à bon marché, — en tous cas d'un prix moins élevé que dans les autres villes ; — climat salubre et tempéré ; facilités très grandes pour faire instruire les enfants, car on trouve à Djidjelli une école de garçons, une école de filles, une école maternelle, une école indigène et, de plus, une école et un pensionnat dirigés par les Sœurs de Saint-Vincent de Paul.

Les distractions sont nombreuses et variées : promenades agréables et peu fatigantes ; excursions pittoresques sur routes bien entretenues ; pêche, soit en mer soit en rivière ; chasse, le gibier est abondant, les sangliers pullulent et les amateurs de fortes émotions peuvent espérer tirer des panthères, on en tue tous les ans. Un groupement a, sous le nom de Sport Nautique, réuni un certain nombre d'adhérents, tous les ans, il donne des régates ; trois sociétés musicales se prodiguent pour donner des concerts auxquels prennent part de nombreux artistes de passage. En somme c'est vraiment un pays idéal et, en un mot, pour ceux qui ne sont pas invinciblement attirés par les plaisirs de la grande ville, de toute l'Algérie, le plus agréable à habiter.

Malheureusement tous ces avantages se trouvent combattus par le manque de communications terrestres pratiques avec le reste de la colonie. Espérons que dans un avenir prochain, on remédiera à ce très sérieux inconvénient et alors la ville de Djidjelli pourra retrouver dans les travaux de la paix, la grande prospérité qu'elle a connue jadis au XVIIe siècle, au temps des fameux corsaires.

CANTON DE DJIDJELLI

Le canton de Djidjelli, outre la commune de plein exercice portant ce nom, comprend celle de Duquesne, — le territoire entier de la commune mixte de Djidjelli, avec les deux centres de Texenna et de Cavallo, — et enfin deux douars de la commune mixte de l'Oued Marsa avec le centre de Ziama Mansouria.

Commune de plein exercice de Duquesne. — La commune de Duquesne a été créée après l'insurrection de 1871. A la suite de cette révolte, les biens des tribus, qui s'étaient insurgées, furent séquestrés ; on profita de cette circonstance pour organiser un certain nombre de centres destinés, en partie, à recueillir les Alsaciens-Lorrains chassés de leur pays par son annexion à l'Allemagne, conséquence de la guerre de 1870. De la même époque datent les villages de Strasbourg, Taher et Chekfa, dans la même région.

On donna à la commune de Duquesne, pour alimenter son budget, les douars de Chaddia et de M'rabot Moussa, qui faisaient autrefois partie du douar M'tlétine. Lors du remboursement du séquestre par les intéressés, on donna, — dans le douar Tabellout, des terrains abandonnés par ce douar, — aux indigènes qui avaient perdu dans Chaddia des immeubles d'un prix supérieur au cinquième de leur valeur totale.

Commune mixte de Djidjelli. — La commune mixte de Djidjelli fut, avec beaucoup d'autres, créée par un arrêté du Gouverneur Général, en date du 25 août 1880; elle fut constituée le 1er octobre suivant ; elle portait alors le nom de commune mixte de Tababort, avec Djidjelli comme chef-lieu.

Elle comprenait, au moment de sa création, les douars M'Tlétine, Tabellout et les tribus des Beni Foughal, de Tababort, d'El Aouana, de Beni Affer et Djimla.

En raison de la trop grande étendue de ces tribus et de la densité de leur population, un arrêté du Gouverneur Général divisa le territoire de la commune mixte en onze sections dénommées ainsi : 1° Beni-Foughal ; 2° Beni Medjaled-Dahra ; 3° Beni Yadjiz ; 4° Beni Zoundaï ; 5° Djimla ; 6° El Aouana ; 7° M'Tlétine, 8° Mansouria ; 9° Rekkada ; 10° Tababort ; 11° Tabellout.

Voici quelles modifications furent, par la suite, apportées à ce territoire :

Le 18 juin 1891, un arrêté du Gouverneur Général décida la création du centre de Texenna, au moyen de territoires cédés par le douar Rekkada ;

Le hameau de Cavallo et les fermes de Montaigne furent créés par un arrêté du Gouverneur Général en date du 1er mai 1900, au moyen de terres cédées par le douar El Aouana ;

Un arrêté du 14 novembre 1902 réunit en une seule section le douar des Beni Medjaled-Dahra, celui des Beni Yadjiz et une partie du douar des Beni Foughal ; le nouveau douar ainsi formé reçut le nom de Tamesguida.

Une première tentative de pareille réunion avait déjà été envisagée en 1885 par l'Administration supérieure. M. le Commandant Rinn, Conseiller de Gouvernement, rapporteur du projet, s'opposa, dans les termes suivants, à ces rattachements :

« Il appelle l'attention de ses collègues sur ce fait « que, lors de l'insurrection de 1871, la tribu [des Be- « ni Foughal] seule nous resta fidèle et combattit éner- « giquement pour notre cause ; elle représente encore « maintenant dans cette région l'élément ami de la « France. Or, d'après le projet de sectionnement pré- « senté, certaines fractions de la tribu proprement « dite des Beni Foughal seraient placées dans les autres « fractions où ses habitants seraient en minorité vis- « à-vis des groupements anciennement insurgés qui « pourraient les faire repentir de leur dévouement de « 1871.

« Une pareille division serait impolitique et il sem- « ble indispensable de diviser l'ancien caïdat des Beni « Foughal, de manière à laisser à l'élément Beni Fou- « ghal la supériorité dans les sections dont il pourra « être appelé à faire partie. »

A cette époque l'opinion du commandant Rinn avait prévalu et le projet fut rejeté. Nous voyons qu'en 1902, il fut repris et adopté. On a, sans doute, pensé que les passions anciennes avaient dû s'apaiser, et disparaître les inimitiés qui existaient entre les tribus autrefois révoltées et les Beni Foughal, qui nous étaient restés fidèles.

En 1904 fut aussi créé par arrêté du Gouverneur Général le centre de Ziama Mansouria, au moyen de terres cédées par la tribu du Tababort.

Le territoire de la commune mixte n'a plus été modifié depuis le 1er juillet 1906 ; il comprend actuellement deux centres de colonisation et huit douars : Centres de Texenna et de Cavallo ; Douars Beni Foughal, Beni Zoundaï, Djimla, El Aouana, M'tlétine, Rekkada, Tabellout, Temesguida.

Cette commune a pris le nom de commune mixte de Djidjelli par suite du rattachement à la commune mixte de l'Oued Marsa, du douar Tababort auquel elle empruntait son nom.

Douars de la commune mixte de l'Oued Marsa. — En 1906 on reconnut que le territoire de la commune mixte de Tababort était trop étendu ; on résolut donc d'enlever une partie de ce territoire pour le donner à une autre commune.

Un arrêté du Gouverneur Général en date du 13 juin 1906, décida de distraire de la commune mixte de Tababort, les douars Mansouria et Tababort et le centre de Ziama Mansouria pour les rattacher à la commune mixte de l'Oued Marsa.

TABLE

Quatrième Partie

ALGER — TYPOGRAPHIE JULES CARBONEL — ALGER

www.ingramcontent.com/pod-product-compliance
Ingram Content Group UK Ltd.
Pitfield, Milton Keynes, MK11 3LW, UK
UKHW022112260726
13993UKWH00001B/459

9 782329 204543